#FREUDO-LIBÉRALISME

Les sources libérales de la psychanalyse

Raphaël Krivine

#FREUDO-LIBÉRALISME

Les sources libérales de la psychanalyse

Paris, septembre 2015
Institut Coppet
www.institutcoppet.org

À mes parents

REMERCIEMENTS

Je remercie mon épouse Laurette qui a toujours cru à ce projet ; Yves, grâce à qui j'ai pu suivre des cours accélérés sur la pensée libérale à la fin des années 90 ; Damien Theillier et Benoît Malbranque de l'Institut Coppet, qui se sont intéressés à mes travaux et m'ont fait confiance ; Danielle Saffar pour sa relecture efficace.

INTRODUCTION

Les intellectuels français n'aiment pas le libéralisme. Tel est le sujet de l'essai du sociologue Raymond Boudon où il démonte les clichés qui rendent le libéralisme détestable aux yeux d'une grande majorité d'intellectuels. [1] S'afficher avec des idées libérales relève de la bravoure. C'est être du côté du diable, de l'extrémisme (« ultra » libéral), de la sauvagerie (le capitalisme est forcément « sauvage »), c'est être coupable de tous les maux dont souffre le monde et qui accablent les individus soumis à la « pression de la concurrence » et « victimes de la société de consommation ».

En revanche, les intellectuels français ont aimé la psychanalyse, cette discipline conjuguant vocation scientifique et approche thérapeutique, fondée il y a plus d'un siècle par Sigmund Freud, cette théorie révolutionnaire du psychisme humain, parfois dénommée « psychologie des profondeurs », qui a constitué un bouleversement de la pensée et qui s'inscrit toujours au quotidien dans la culture du grand public. Mécanismes de défense, lapsus, projections, actes manqués... ces concepts freudiens font partie de nos vies.

Pendant des dizaines d'années, la psychanalyse, grâce à ses dimensions « progressiste » et « révolutionnaire » s'est donc trouvée absorbée par les valeurs — très majoritairement de gauche — des intellectuels français. Et de manière simplificatrice, elle s'est donc retrouvée dans le camp opposé à celui du libéralisme.

Et si c'était l'inverse ? Et si les liens entre le libéralisme et la psychanalyse étaient beaucoup plus profonds que certains aimeraient le croire ? Et si la psychanalyse était fondamentalement compatible avec le libéralisme, dans son acception la plus large qui englobe sa dimension philosophique, politique et économique ?

Le libéralisme et la psychanalyse sont des champs d'investigation tellement étendus que l'on aurait pu imaginer rencontrer de nombreuses connexions entre ces deux domaines à la lecture des penseurs et spécialistes des deux écoles. Or ces connexions sont apparemment plutôt rares. À croire que le mot « psychanalyse » est resté tabou chez

---

[1] *Pourquoi les intellectuels n'aiment pas le libéralisme* de Raymond Boudon, Odile Jacob, 2004

les auteurs libéraux… et le mot « libéral » tabou dans les écrits de psychanalystes…

Pour les intellectuels de gauche, et en particulier de nombreux psychanalystes, la pratique freudienne est souvent un des leviers d'action qui peut permettre de lutter contre le libéralisme, le capitalisme et leurs excès. Ce n'est donc pas un hasard si les citations d'auteurs libéraux sont rarissimes chez les psychanalystes, si ce n'est pour les condamner. À titre d'exemple, le mot « libéralisme » n'était référencé il y a une quinzaine d'années qu'une seule fois dans le moteur de recherche de la bibliothèque Sigmund Freud de la Société Psychanalytique de Paris alors que « marxisme » était présent une trentaine de fois…

Le moins qu'on puisse dire est que les grands penseurs libéraux du XXe siècle n'eurent pas une grande passion pour Freud, contrairement à l'intelligentsia de gauche qui réussit une véritable OPA intellectuelle sur la psychanalyse. L'économie était en général leur discipline de base et ils ne s'en n'échappaient que rarement. Souvent accaparés par la (re)découverte des écrits des philosophes et économistes libéraux des siècles précédents, ils ont négligé de s'y intéresser. Et puis, certains d'entre eux, comme Hayek, ont été influencés par l'intérêt marqué de leurs adversaires politiques et philosophiques (les marxistes) pour la discipline freudienne, devenue ainsi suspecte à leurs yeux.

Par ailleurs, il n'est pas exclu que ces penseurs libéraux aient fait de la « résistance » à la psychanalyse. Résistance analysée de la manière suivante par Freud lui-même : « Chacun de nous a refoulé beaucoup de choses que nous maintenons peut-être avec peine dans notre inconscient. La psychanalyse provoque donc, chez ceux qui en entendent parler, la même résistance qu'elle provoque chez les malades. C'est de là sans doute que vient l'opposition si vive, si instinctive que notre discipline a le don d'exciter. »[2]

Freud le proclamait : « La psychanalyse est pour ainsi dire née avec le XXe siècle ».[3] Et l'histoire de la psychanalyse va croiser très souvent l'histoire des idées de ce siècle marqué par deux grandes guerres mondiales et caractérisé par la toute-puissance des États au détriment des individus. L'histoire de la psychanalyse, c'est peut-être aussi celui d'un rendez-vous manqué avec un des grands courants perdants du siècle dernier, le libéralisme, qui finalement ne retrouvera des couleurs qu'au cours de ces quarante dernières années.

---

[2] *Cinq Leçons sur la Psychanalyse* de Sigmund Freud, Paris, Payot, 1953, p.155
[3] *Court abrégé de Psychanalyse* (1923) ; *Œuvres complètes*, PUF, 1991, volume XVI, p.333

Mon attrait à la fois pour le libéralisme et pour la psychanalyse m'a conduit à me demander si, malgré tout, il n'y avait pas des convergences réelles entre ces deux domaines à la fois théorique et pratique. Une première convergence m'apparut en premier : la psychanalyse et le libéralisme ne sont ni de droite, ni de gauche ! Or on constate que la psychanalyse est considérée depuis de nombreuses années en France comme une valeur de gauche, d'une part parce que la gauche a assimilé la psychanalyse à une force « progressiste » et « rationaliste », d'autre part parce que les libéraux ont peut-être négligé ce terrain, voire se sont eux-mêmes soumis au « culturellement correct » en délaissant le terrain conquis par la gauche...

Par ailleurs, le libéralisme est considéré — en France — comme une idéologie de droite, quand elle n'est pas assimilée tout simplement au fascisme. Pourtant les libéraux ont été à l'origine de nombreuses lois sociales (droit de grève, création de la bourse du travail...) en particulier au XIXe siècle. Ils siégeaient à l'époque à gauche ou à l'extrême gauche de l'Assemblée nationale. Autrement dit, le libéralisme est à ranger du côté du progrès et du développement des libertés, et non pas à classer selon un clivage droite-gauche.

En y regardant de plus près, la psychanalyse n'est-elle pas beaucoup plus « soluble » dans le libéralisme qu'elle était supposée l'être dans le marxisme et le socialisme ? De nombreux intellectuels n'ont-ils pas suivi un raisonnement simplificateur : la psychanalyse représentait une véritable révolution dans le domaine de la psychologie, donc elle avait forcément des liens avec les idées révolutionnaires de Marx... Mais ne se sont-ils pas fourvoyés ?

La psychanalyse et le libéralisme ne sont-ils pas deux des mamelles qui ont nourri le progrès des pays occidentaux au cours du siècle dernier ? N'est-il pas temps de mettre fin à cette hégémonie culturelle de la gauche et à sa mainmise sur une science humaine qui ne se voulait au départ qu'une simple pratique thérapeutique ?

Je vais essayer de répondre à ces questions au cours des pages suivantes mais je dois insister au préalable sur mon manque d'expertise... dans les deux domaines. Je ne suis ni un spécialiste de la psychanalyse ni un grand théoricien des idées libérales, mais un Candide qui a découvert — de manière trop superficielle sans doute — ces deux domaines, tous deux d'une richesse et d'une profondeur telles qu'il est possible d'y puiser sans cesse de nouvelles connaissances et réflexions sans prendre le temps de s'échapper d'un des deux pour découvrir l'autre. C'est probablement ce qui est arrivé respectivement aux penseurs libéraux et aux psychanalystes... un peu à l'instar des champions de ski qui se réservent, qui pour le slalom, qui pour la descente. En ce qui me concerne, je me suis ainsi consacré au « combiné », au « cross over » dirait-on en franglais ; mes recherches et mes tentatives de démonstration s'appuient sur un matériel limité et mériteraient sans doute d'être encore approfondies. J'ai tenu néanmoins à reprendre dans le texte de nombreuses citations afin qu'il n'y ait aucune ambiguïté sur les sujets évoqués. J'espère que cet essai suscitera quelques vocations en la matière pour reprendre le flambeau et poursuivre ce travail de « libre association ». Dans le vocabulaire psychanalytique, la libre association est la règle fondamentale consistant pour le patient à exprimer toutes ses idées de manière spontanée !

La première partie sera consacrée à rechercher les points communs entre la psychanalyse et le libéralisme, autrement dit à mettre en avant ce que je désignerai par le néologisme « freudo-libéralisme »... en opposition au freudo-marxisme. Je tâcherai d'identifier les traces de libéralisme dans le parcours du père de la psychanalyse, Sigmund Freud et de mettre en lumière les concepts que l'on retrouve aussi bien chez les psychanalystes que chez les penseurs libéraux. Nous irons aussi à la découverte des positions des penseurs libéraux autrichiens à propos de la psychanalyse et ferons un tour d'horizon de l'essor de la psychanalyse dans les principales démocraties libérales.

Dans la seconde partie, je reviendrai sur le concept de freudo-marxisme, en identifiant ses contradictions, en m'appuyant sur les critiques de Freud à l'encontre du marxisme, mais aussi de certains intellectuels marxistes sur la psychanalyse. Un rapide tour d'horizon de l'échec de la psychanalyse dans les régimes totalitaires viendra illustrer l'impasse du freudo-marxisme.

L'histoire de la psychanalyse en France mérite un traitement particulier dans la troisième partie. La France est un pays démocratique et ouvert mais aussi un pays où les intellectuels et le peuple ont été très perméables aux idéaux collectivistes. Nous y analyserons l'essor remarquable de la psychanalyse et démontrerons qu'il doit beaucoup à des phénomènes de libre-concurrence bien connus des économistes libéraux. Nous reviendrons sur le succès singulier du freudo-marxisme dans l'hexagone, succès qui a structuré des générations d'intellectuels et d'universitaires, autrement dit qui a contribué à la fameuse exception culturelle.

Dans la quatrième partie, nous passerons en revue deux domaines qui pourraient constituer des applications concrètes du freudo-libéralisme. Nous étudierons tout d'abord le marché de la psychanalyse, en approfondissant deux sujets qui intéressent les économistes libéraux : la fixation des prix et la question de l'intervention de l'État. Comme l'entreprise est au cœur de l'économie pour les libéraux, nous étudierons ensuite plusieurs facettes de l'application de la psychanalyse au management des entreprises et à la compréhension des courants économiques et culturels les plus récents comme le succès des réseaux sociaux et la révolution des nouvelles technologies.

Dans la cinquième et dernière partie, ajoutée fin 2014, nous nous intéresserons aux thèses du philosophe Michel Onfray. Il est l'un des très rares intellectuels de gauche à s'être attaqué à la « statue » freudienne et a défrayé la chronique en 2010 en s'opposant au psychanalytiquement correct de l'intelligentsia française… Mais en s'attaquant à la psychanalyse, il a également comblé d'aise tous ceux qui étaient hermétiques à la discipline freudienne, y compris parmi les intellectuels libéraux réfractaires. Remet-il en question tout mon raisonnement ?

En établissant clairement la jonction entre le libéralisme et la psychanalyse, en l'assumant, j'essaierai en conclusion d'ouvrir des perspectives aux penseurs libéraux et psychanalystes qui pourront utiliser ce concept de freudo-libéralisme pour mieux faire face aux défis économiques et technologiques des prochaines années.

PREMIÈRE PARTIE

FREUD ET LE LIBÉRALISME

CHAPITRE 1

LES SOURCES LIBÉRALES DE LA PSYCHANALYSE

La psychanalyse est indissociable de son créateur, Sigmund Freud. Rechercher les éventuelles convergences entre la psychanalyse et le libéralisme conduit inévitablement à se pencher sur Freud, son éducation et ses débuts à Vienne en Autriche.

L'éducation libérale de Freud

Remarquons tout d'abord qu'il a reçu une éducation juive, non traditionnelle et ouverte à la philosophie des Lumières. « Ce qui me liait au judaïsme, ce n'était pas — je me dois de le confesser — la croyance, ni même l'orgueil national, car je fus toujours un incroyant, j'ai été élevé sans religion, quoique non sans respect pour les exigences dites « éthiques » de la culture humaine ». [1]

Le psychiatre et psychanalyste Thomas Szasz, sans doute l'un des plus libéraux déclarés de sa profession comme nous le verrons ultérieurement, explique que « la thèse selon laquelle Freud fut fortement influencé par les idées morales et politiques des XVIIIe et XIXe siècles est bien établie et n'a pas besoin de nouvelles preuves pour l'étayer. Freud était également pénétré des écrits prônant chacune de ces deux libertés : individualisme et collectivisme. Laquelle de ces conceptions l'attirait davantage et pour quelle raison ? Comment réconciliait-il les conflits qui surgissaient entre les deux ? (…) Tout d'abord, Freud, en grande partie parce qu'il était juif, se sentait tenu à l'écart des grands courants de la société autrichienne. En outre, lorsqu'il était enfant, la bourgeoisie juive de Vienne plaçait tous ses espoirs dans l'éducation et non pas dans le sionisme. C'est pourquoi Freud s'intéressait davantage à la liberté individuelle qu'à celle du groupe. À la même époque, sa conception de la famille ou de l'État modèles était plutôt fondée sur son expérience personnelle que sur ses lectures ou sur ses espoirs ; d'où son adhésion ultra-conservatrice à un patriarcat bienveillant, à la fois en matière de famille et de gouvernement. » [2]

---

[1] Allocution aux membres de la Société B'Nai B'Rith (1926), *Œuvres complètes,* PUF, 1994 volume XVIII, pp.115-116
[2] *L'Éthique de la psychanalyse* de Thomas Szasz, Payot, 1976, pp.30-31

Je me référerai à plusieurs reprises à la biographie très autorisée de Freud écrite par Ernest Jones, psychanalyste anglais de l'École freudienne qui a été très proche de ce dernier. Ernest Jones[3] précise que « Freud tenait de son père le sens de l'humour, le scepticisme à l'égard des incertitudes de l'existence, l'habitude, quand il voulait mettre en valeur quelque donnée morale, de l'illustrer par une anecdote juive, son *libéralisme*, sa libre pensée, ses tendances uxorieuses ». Ainsi, à titre d'exemple, d'après Ernest Jones, le père de Freud lui permit de mener à bien ses études secondaires et le laissa libre de choisir la profession de médecin même s'il aurait souhaité que son fils devienne homme d'affaires.

Notons que le père de Freud était négociant dans le domaine de la vente de la laine et qu'il perdit son petit capital dans le krach boursier de Vienne de 1873.

En tout état de cause, à ma connaissance, on ne trouve pas dans les très nombreux écrits de Freud de rejet ou critique vis-à-vis de son père, de son éducation ou de ses affaires professionnelles.

Remarquons par ailleurs que Freud, outre le fait qu'il maîtrisait parfaitement la langue de Shakespeare et qu'il passa la fin de sa vie en Angleterre, fut favorablement impressionné par ce pays qui était un des plus évolués sur le plan du respect des libertés individuelles et économiques au XIXe siècle. Ses deux demi-frères, Philippe et Emmanuel, avaient émigrés dès 1859 à Manchester pour fuir la crise économique de Vienne et ils y prospérèrent. À l'âge de 19 ans, Freud rendit visite à sa famille à Manchester et fut enthousiasmé par l'Angleterre « riche, tolérante, libérale ». [4]

Freud et la politique

Ce n'est donc pas étonnant de constater que Freud se situait probablement sur un plan politique entre les libéraux et les socio-démocrates.

Freud s'intéressa particulièrement à la politique pendant sa jeunesse. En effet, Freud a un moment hésité entre le droit et la médecine. Il aurait pu être tenté par les affaires publiques.

Le biographe Peter Gay insiste sur la proximité entre Freud et les idées libérales. La jeunesse de Freud se déroula dans un climat politique libéral. Suite à la révolution de 1848, différentes mesures libérales furent

---

[3] *La Vie et l'œuvre de Sigmund Freud* (1955) d'Ernest Jones, Tome 1. La jeunesse, PUF, 1969, p.4
[4] *Histoire de la psychanalyse* sous la direction de Roland Jaccard, Hachette 1982, p.314

favorables aux juifs : la légalisation de la pratique religieuse juive, la suppression de certaines taxes, l'égalité légale (1867) avec les chrétiens en matière de propriété et l'accès à toutes les professions ou postes de responsabilité dans la vie publique.

Ainsi, les Juifs assimilés ne pouvaient qu'être favorables aux libéraux qui avaient pris le pouvoir à Vienne dès 1860. C'est pourquoi Freud apprécia cette période libérale comme l'indique Peter Gay : « Dans cette atmosphère Freud s'était senti à l'aise. »[5]

Peter Gay signale que la *Neue Freie Press*, le seul journal viennois de réputation internationale, avait jugé nécessaire de rappeler à ses lecteurs, à l'occasion d'une manifestation antisémite en 1883, que le « principe premier du libéralisme » consistait à ce que « les citoyens de toutes confessions jouissent de droits égaux ».

D'après le biographe, ce quotidien était le journal favori de Freud. Selon lui encore, Freud vota pour les candidats libéraux « chaque fois qu'il en a eu l'occasion ».[6]

Freud, « Mill inside »

Alors Freud fut-il un social-démocrate ou un libéral ? En réalité, Freud fut sans doute « Mill inside », autrement dit proche des idées développées par le philosophe social-libéral anglais John Stuart Mill.

Pendant son service militaire, Freud trompa l'ennui en faisant des traductions à la demande d'un éditeur… Or si la plupart des biographes de Freud signalent cet épisode de sa vie, ils n'insistent jamais sur l'auteur traduit, le contenu de ses travaux et son influence sur Freud. Or il s'agit du philosophe anglais John Stuart Mill. Freud traduisit en effet pas moins de quatre essais du philosophe anglais : *Sur l'émancipation de la femme, Platon, La Question sociale* et *Le Socialisme.*[7]

Il semble bien que Freud fut fortement marqué par les écrits de Mill. Parlant de la traduction qu'il avait faite en 1880 du dernier ouvrage de Mill[8], Freud écrit : « (…) il fut peut-être, en ce siècle, l'homme qui sut le mieux se libérer des préjugés courants », confirmant ainsi qu'il avait été impressionné par les théories du penseur anglais.

---

[5] *Freud : une vie* de Peter Gay (1988), Hachette, 1991, p.22
[6] *Ibid.* p.23
[7] D'après *Psychanalyse*, ouvrage collectif sous la direction de Alain de Mijolla et Sophie de Mijolla Mellor. PUF, 1996, p.23
[8] *La Vie et l'œuvre de Sigmund Freud* (1955) d'Ernest Jones, Tome 1. La jeunesse, PUF, 1969, p.194

Or qui est John Stuart Mill ?

John Stuart Mill (1806-1873) a une place à part parmi les grands courants du libéralisme. Il est en effet un représentant d'un libéralisme que l'on pourrait qualifier de social et il est incontestablement un libéral sur le plan des mœurs. Son livre *On Liberty,* où il expose sa conception de la liberté, est l'un des bréviaires du libéralisme. Il situe la liberté dans la souveraineté de l'individu, souveraineté sur lui-même, sur son corps, sur son esprit. Dans l'article qu'il consacre à Mill dans l'encyclopédie *Universalis,* François Trévoux qualifie Mill de « non-conformiste » de la liberté et ajoute : « alors que son maître Bentham avait œuvré en moraliste, il raisonne en psychologue. » Voilà sans doute une des clés de l'intérêt de Freud pour le philosophe anglais...

On retrouve par ailleurs chez Mill de nombreux thèmes chers aux libéraux[9] : la protection nécessaire de l'individu face à la tyrannie de la majorité ou de l'opinion collective, la limitation du pouvoir du gouvernement sur l'individu, la règle générale du principe de laissez-faire ou de non-intervention du gouvernement, le dirigisme étatique qui étouffe la liberté individuelle, la concurrence, à la fois facteur d'avancement de la société et moyen de développement de l'individu, la liberté des échanges internationaux.

On relève aussi chez lui, et dans ses derniers ouvrages, une forte orientation sociale. Il condamne en effet le capitalisme de rentiers et de propriétaires, qui s'enrichissent sans travailler, pour prôner une justice sociale et redistributive développant la répartition de la propriété et en favorisant une éducation universelle. Mill recherche ainsi l'égalisation des chances pour promouvoir un libéralisme pour tous. Il envisage même l'abolition du salariat et la généralisation de la coopérative de production.

Au fond Mill recherche la recette rationnelle qui doit assurer le plus grand bonheur au plus grand nombre, et chaque fois que le plus grand bonheur du plus grand nombre n'est pas le fruit spontané de la liberté, il tolère sans doute l'action gouvernementale.

À l'évidence, Freud a été très marqué par les textes de Mill, d'une part sur la conception libérale de l'individu et de la liberté, et d'autre part sur une vision idéale et utopiste de l'avenir de l'homme. Après son service militaire, Freud s'est plongé à corps perdu dans ses études de médecine puis dans ses recherches et ses écrits, en ayant sans doute très

---

[9] À ce sujet : *Les Grands courants du Libéralisme* d'Alain Laurent, Armand Colin, 1998

peu de temps à consacrer à la philosophie politique. Mais, assurément, Freud est resté toute sa vie « *Mill inside* ».

Remarquons enfin que Mill est un ardent féministe. Pour lui, la liberté s'étend naturellement aux femmes. Or, d'après Ernest Jones, Freud trouve que Mill manque de sens de l'absurde. En effet, dans son ouvrage sur l'émancipation des femmes, Mill avance que la femme mariée pouvait gagner autant que son mari... ce qui risquerait d'après Freud de créer un déséquilibre, la femme devant permettre à l'homme de se consacrer à son travail, sans concurrence à la maison et en lui donnant l'idéal de la féminité (beauté, charme, douceur). [10] Autrement dit, beaucoup ont jugé que la psychanalyse avait fortement contribué à libérer la femme grâce notamment aux écrits d'Erich Fromm ou de Marcuse,... oubliant que le libéral Mill (et certainement sa femme, à qui l'ouvrage en question est attribué) avait devancé et inspiré le fondateur de la psychanalyse !

La proximité intellectuelle de Freud vis-à-vis de Mill n'a pas échappé à Ernest Jones, qui explique ainsi les positions politiques du psychanalyste. À l'interrogation consistant à savoir pourquoi Freud, qui était un révolutionnaire dans le domaine de la psychologie, était un anti-révolutionnaire dans celui de la politique, Ernest Jones soutient que l'attitude politique de Freud tenait de celle de John Stuart Mill. [11] « Il y a, il est vrai, une grande similitude entre leurs vues, mais Freud n'était pas homme à adopter sans réflexion les opinions de quelqu'un d'autre. »

On pourrait débattre longtemps pour savoir si Freud fut tendance *Mill libéral* ou tendance *Mill socialiste*. Freud s'inscrivit en tout cas dans l'esprit des lumières et des théoriciens de la liberté.

Notons enfin que Mill fut le disciple du philosophe Jeremy Bentham, inventeur du courant utilitariste, selon lequel « l'utile ou ce qui peut apporter le plus grand bonheur doit être le principe de notre action ». Certes, Mill, auteur de l'ouvrage *L'Utilitarisme*, essaya d'ajouter une dimension altruiste à cette école philosophique critiquée pour son approche égoïste. Il n'en demeure pas moins que l'économie néo-classique se déclare en totale filiation avec l'utilitarisme. L' « homo economicus » recherche son propre bonheur, et la main invisible, c'est-à-dire le libre agir des hommes, favorise le chemin vers le bonheur du plus grand nombre.

---

[10] *La Vie et l'œuvre de Sigmund Freud* (1955) d'Ernest Jones, Tome 1. La jeunesse, PUF, 1969, p.195
[11] *La Vie et l'œuvre de Sigmund Freud*, Tome 3. Les dernières années, PUF, 1969, p.389

Freud lui-même développa probablement une pensée proche de l'utilitarisme dans sa conception du bonheur.

En effet, écrit en pleine crise des années 20, *Le Malaise dans la culture* dresse un tableau très sombre où Freud considère, comme Hobbes (philosophe anglais du XVIIe siècle, critiqué par les libéraux sur ses positions sur l'État illimité, le « Leviathan ») que « l'homme est un loup pour l'homme » et où l'espoir fait face à la haine de l'autre et à l'agression de son prochain.

Ces attitudes sont dues selon Freud au narcissisme illimité du jeune enfant (la haine est issue de la lutte du moi pour sa préservation et son affirmation dans la vie en commun) qui conduit à une « pulsion de mort » (une pulsion d'agression et d'auto-anéantissement), source terrible de destruction qui s'oppose à la recherche du bonheur.

La description effectuée par Freud de la recherche du bonheur des hommes (« Ils veulent devenir heureux et le rester »[12]) rapproche Freud des utilitaristes et donc des penseurs libéraux soucieux du respect de la diversité des aspirations individuelles.

Freud énumère en effet les multiples façons de parvenir au bonheur : « on peut, pour y parvenir, s'engager sur des voies très diverses, privilégier soit le contenu positif du but, le gain du plaisir, soit le contenu négatif, l'évitement du déplaisir. (…) Le bonheur dans l'acception modérée où il est reconnu comme possible, est un problème d'économie libidinale individuelle. Il n'y a pas de conseil qui vaille pour tous ; chacun doit essayer de voir lui-même de quelle façon particulière il peut trouver la béatitude »[13]. À noter ce petit conseil savoureux et plein de bon sens : « Tout comme le commerçant prudent évite de mettre tout son capital sur un seul placement, la sagesse de vie, elle aussi, conseillera peut-être de ne pas attendre toute satisfaction d'une unique tendance. » [14]

Une telle vision s'inscrit pleinement dans la logique utilitariste de Bentham selon laquelle l'utile est le principe de toutes les valeurs, aussi bien dans le domaine de la connaissance que de l'action.

Vienne, berceau de la psychanalyse et du néo-libéralisme

Au-delà de son éducation familiale et littéraire que nous venons d'examiner, il convient aussi de s'interroger à propos de l'influence du climat politique de l'époque sur la naissance de la psychanalyse.

---

[12] *Le Malaise dans la culture de Sigmund Freud,* 1929, Ed PUF, Quadrige, 1995, p.18
[13] *Ibid.,* pp.26-27
[14] *Ibid.,* p.27

À ma connaissance, aucun biographe de Freud ne remarque que Vienne fut à la même époque le berceau de la psychanalyse et de la pensée libérale du XXe siècle.

Le tableau suivant établit la chronologie succincte de Freud et des philosophes et économistes libéraux autrichiens les plus célèbres.

Sigmund Freud	1850 – 1940	Vit en Autriche jusqu'en 1938 puis à Londres
Ludwig von Mises	1881 – 1973	Vit en Autriche jusqu'en 1934 puis à Genève qu'il quitte pour les USA en 1940 afin de fuir le danger allemand
Friedrich von Hayek	1899 – 1992	Vit en Autriche jusqu'en 1931 puis à Londres de 1931 à 1950
Karl Popper	1902 – 1994	Vit en Autriche jusqu'en 1937 puis rejoint Londres pour fuir le nazisme

La simultanéité du développement de la psychanalyse et de la pensée libérale viennoise n'est peut-être pas le fruit du hasard. C'est en tout cas l'idée du grand économiste libéral Ludwig von Mises, qui mérite d'être présentée, car elle est totalement ignorée par la plupart des grands historiens de la psychanalyse.

Tout d'abord, rappelons brièvement qui est Mises.

Mises, d'origine juive, est le fils d'un ingénieur travaillant pour le ministère autrichien des transports. Sa mère menait des actions de charité auprès d'un orphelinat juif.

Ludwig von Mises, presque inconnu en France, a été le représentant le plus éminent de l'École autrichienne d'économie. Économiste de tout premier plan, développant une vision philosophique du monde, professeur des très célèbres Hayek (prix Nobel) et de l'économiste américain libertarien Rothbard (favorable à un État minimaliste), il a été l'un des plus grands défenseurs du libéralisme et dès les années vingt a dénoncé avec prescience, force et rigueur, les erreurs du socialisme dans des ouvrages qui mériteraient d'être redécouverts à la lumière de la chute du mur de Berlin et de l'écroulement de l'empire soviétique.

L'École autrichienne a cherché à appréhender l'ensemble de la science économique, en se situant aux frontières de la connaissance du social. Les économistes de l'École autrichienne se sont attachés aux objectifs et aux intentions de l'action humaine. Pour eux, les sciences sociales se fondent sur le primat de l'individu et sur sa subjectivité. Cela signifie que les fondements de l'économie reposent non pas sur des modèles mathématiques et statistiques et des approches globalisantes (la macro-économie) mais sur l'analyse la plus fine possible de l'action humaine, autrement dit celle de l'individu et de sa subjectivité : ses perceptions, ses attentes et ses évaluations, en fonction de ses propres critères et valeurs. En conséquence, ils se méfient profondément de l'intervention étatique dans le processus du marché, qu'ils considèrent souvent destructrice, puisqu'elle repose systématiquement sur des analyses « vues de haut », planificatrices, qui nient le rôle de chaque individu. Au contraire, l'entrepreneuriat, qui provient de l'initiative et de la prise de risque individuelle, constitue une condition essentielle du développement économique, la propriété privée permettant quant à elle l'utilisation efficace des ressources.

L'École autrichienne d'économie, souvent inconnue pour les intellectuels français, et la psychanalyse ont donc exactement la même matrice : l'Autriche-Hongrie et la capitale Vienne, qui bénéficièrent d'une période de relative liberté de 1867 à 1914, très favorable à l'épanouissement des arts et des sciences.

Mises va plus loin en considérant que l'avènement de l'École autrichienne et celui de la psychanalyse eurent en commun de ne pas être populaires auprès des autorités universitaires autrichiennes de l'époque. Selon lui, elles purent toutes se développer en étant favorisées par un système d'enseignement toléré à l'époque : les *Privatdozents*, des individus admis en tant qu'enseignants privés par l'université, qui jouissaient de la liberté d'enseignement et d'une grande autonomie. Peu payés, ils devaient trouver d'autres moyens pour gagner leur vie.

Pour Mises, le cas le plus remarquable « fut celui de la psychanalyse. Elle n'obtint jamais le moindre encouragement de la part des institutions officielles ; elle se développa et prospéra en dehors de l'université et ses seuls liens avec la hiérarchie bureaucratique de l'enseignement résidaient dans le fait que Freud était un *Privatdozent* ayant le titre sans signification de professeur. »[15]

Or Mises, tout comme Freud, fut un *Privatdozent* ! Sans doute rejeté par la communauté des professeurs d'économie souvent socialistes, il dut se rabattre sur cette forme d'enseignement libre.

---

[15] Extrait du texte *Les Débuts historiques de l'École économique autrichienne* publié pour la première fois en 1969 sous le titre *The Historical Setting of the Austrian School of Economics*. Traduction d'Hervé de Quengo.

Conclusion

Éducation familiale, idées politiques de Freud, filiation incontestable avec John Stuart Mill, dimension libérale de la société viennoise favorisant l'essor de la psychanalyse, autant de pièces à conviction qui soulignent les sources libérales de la psychanalyse.

Freud, très circonspect sur le succès des Soviets, n'hésitait pas à se décrire comme un « libéral à l'ancienne mode »[16]. Il mériterait en tout état de cause d'être cité, dans les ouvrages consacrés à l'histoire des idées politiques, comme étant apparenté au courant de pensée libéral, en l'affiliant, par exemple, à John Stuart Mill.

---

[16] In *Freud et Sweig : Correspondance 1927 – 1939*, Gallimard, 1973. Cité par Alain de Mijolla dans *Les Mots de Freud* ; Hachette, 1982, p. 195. « En dépit de toutes les raisons de mécontentement que donnent les systèmes économiques actuels, je n'ai pourtant aucun espoir que le chemin pris par les Soviets conduise à une amélioration. Pis encore, pendant ces dix ans de régime soviétique, les espoirs de ce genre que je pouvais nourrir ont été anéantis. Je reste un libéral à l'ancienne mode ».

CHAPITRE 2

COMPATIBILITÉ DE LA PSYCHANALYSE
AVEC LA PHILOSOPHIE LIBÉRALE

Le libéralisme philosophique s'appuie sur la primauté de l'individu, sur l'importance de la liberté individuelle qui va de pair avec la responsabilité individuelle. L'individu possède des droits, indépendants de sa place ou son rôle dans la société et tous les individus sont égaux en droits. La propriété constitue l'un des droits fondamentaux de l'homme.

Au cœur de la philosophie libérale, comme dans la psychanalyse, nous trouvons donc l'individu.

Les penseurs libéraux ont pourtant négligé cette vision commune parce qu'ils ont trop rapidement catalogué Freud comme étant l'un de leurs adversaires et rangé à tort Freud dans la catégorie du « constructivisme », qui consiste à régir les comportements humains à partir de plans qui imposent des objectifs communs aux individus alors que les libéraux sont favorables la « main invisible », aux libres interactions entre les intérêts individuels qui conduisent naturellement à l'enrichissement du plus grand nombre.

Les penseurs libéraux se sont ainsi plus intéressés aux écrits de Freud visant à comprendre le monde et les grandes turbulences politiques de l'époque et ne se sont guère plongés dans son œuvre principale constituée par l'ensemble de ses découvertes sur la psychanalyse, science empirique, destinée à aider et soigner l'individu qui en exprime le besoin.

Tous les penseurs libéraux s'appuient sur l'idée directrice selon laquelle il faut assurer le bien-être et l'autonomie de l'individu.

Ce cadre philosophique ne convient-il pas parfaitement à la psychanalyse, dont la vocation première est de se centrer sur l'individu afin de lui permettre de mieux se connaître, pour mieux s'assumer ou pour guérir dans le cas de graves névroses ? La psychanalyse n'est-elle pas avant tout un moyen thérapeutique permettant à l'individu de maximaliser sa liberté, en s'appropriant son passé et la compréhension de ses refoulements ?

Prenons un exemple concret avec l'économiste et homme politique libéral Yves Guyot. Né en 1843 et donc contemporain de Freud, Guyot fut l'une des grandes figures républicaines de la Troisième république.

Il publia de nombreux ouvrages et fut le chef de file de la pensée libérale au début du XXe siècle.

Citons Guyot : « Qu'est-ce que la liberté ? Sinon la reprise de l'individu par lui-même sur la masse qui l'absorbait. » [1]

Citons Freud : « La liberté individuelle n'est pas un bien de culture. C'est avant toute culture qu'elle était la plus grande, mais alors le plus souvent sans valeur, parce que l'individu était à peine en état de la défendre. (…) Il ne semble pas qu'en exerçant une quelconque influence on puisse amener l'homme à muer sa nature en celle d'un termite, il défendra sans doute toujours sa revendication de liberté individuelle contre la volonté de la masse. Une bonne part de la lutte de l'humanité se concentre sur une seule tâche, trouver un équilibre approprié, c'est-à-dire porteur de bonheur, entre ces revendications individuelles et les revendications culturelles de la masse. » [2]

Ne peut-on pas considérer Guyot et Freud comme faisant partie de la même famille de pensée ?

Le deuxième auteur le plus prolifique de la psychanalyse après Freud est certainement Karl J. Jung. Ce psychiatre suisse, né en 1875, fait partie de la première génération des psychanalystes et fut considéré comme le dauphin de Freud jusqu'à leur brouille intellectuelle et personnelle.

Les puristes me reprocheront de citer Jung. Tout d'abord, Jung, au départ fils spirituel de Freud et rare « non juif » du cercle des compagnons proches de Freud dans les premières années du mouvement psychanalytique, rompit définitivement avec Freud en 1913 pour mener ses propres travaux. Ces travaux sur les complexes, la typologie des caractères (extraverti / introverti…) ou l'inconscient collectif sont majeurs et ont encore de l'influence aujourd'hui. Mais surtout, Jung adopta sous le régime nazi une attitude collaborationniste en dirigeant l'Institut Göring (l'Institut de Psychothérapie officiel du régime), à l'instar sans doute d'un Richard Strauss qui occupa lui aussi des fonctions officielles sous le Troisième Reich. Notons cependant que Jung fut recruté comme agent secret pendant la Seconde Guerre mondiale par les alliés pour travailler sur les profils psychologiques des dirigeants nazis.

Quoi qu'il en soit, il semble évident que l'on peut néanmoins considérer avec le recul Jung comme faisant partie de l'histoire de la psychanalyse. Or le dernier ouvrage de Jung, qui constitue en quelque

---

[1] *La tyrannie collectiviste* d'Yves Guyot, Les Belles Lettres, 2005, p.287
[2] *Le Malaise dans la culture* de Sigmund Freud, 1929, Ed PUF, Quadrige, 1995, p.39

sorte son testament spirituel, s'avère être un authentique écrit libéral où il met en exergue l'individu.

Écrit vers la fin de sa vie, en 1956, cet essai résume en effet sa pensée morale et sociale. « De quoi l'avenir sera-t-il fait ? » sont les premiers mots d'un ouvrage où, si l'on ne trouve aucune référence à des philosophes libéraux[3], on découvre néanmoins une pensée qui s'inscrit véritablement dans la lignée libérale. Le fait que l'un des pionniers de la psychologie et de la psychiatrie moderne arrive en grande partie aux mêmes conclusions que les penseurs libéraux les plus éclairés, à partir de ses propres travaux et sans s'aventurer dans d'autres disciplines (économie, sociologie…) mérite que l'on s'y attarde.

Jung y constate que l'individu est l'unité de base de la société, une conception partagée par tous les économistes libéraux :

> « La situation individuelle de notre malade est, au propre et en vérité, la même que celle de la collectivité. L'individu, avec la multiplicité de ses tendances et de ses composantes, constitue en tout point un microcosme social où se reflètent, à la dimension de l'individu, à l'échelle la plus petite, les qualités, les propriétés qui règnent en grand dans la société. Ou à l'inverse, c'est à partir de l'individu, unité de base de la société, que se crée par sommation la dissociation collective. C'est sans doute cette dernière perspective qui est la plus vraisemblable, dans la mesure où c'est la personnalité individuelle qui est l'unité irréductible de vie, son seul vecteur concret et immédiat, alors que la société et l'État constituent des idées conventionnelles qui ne peuvent prétendre à l'existence et à la réalité que pour autant qu'elles sont représentées par un certain nombre d'individus. »[4]

De plus, dans sa conception de l'approche psychanalytique, Jung, au-delà de certaines de ses théories qui ont été critiquées, développe également un discours prônant la primauté de l'individu :

> « Que l'on y songe : pour le jugement scientifique d'une part, l'individu ne signifie rien sinon une unité, répétée à un nombre infini d'exemplaires et que l'on pourrait aussi bien désigner d'une lettre ou d'un nombre ; et pour la compréhension d'autre part, c'est précisément l'homme, artificiellement isolé et unique, qui est le seul objet réel et l'objet par excellence de l'enquête, cette enquête supposant la mise en veilleuse de toutes les lois que l'homme de science a précisément à cœur. C'est pour le médecin que cette contradiction devient au premier chef un problème. Equipé de pied en cap avec les vérités statistiques de

---

[3] *Présent et Avenir* de C.G. Jung (1956), Livre de Poche, 1995, p.8
[4] *Ibid.*, p.72

sa formation scientifique, le voici soudainement confronté à la tâche de soigner un malade, tâche qui requiert, en particulier dans le cas des maux psychiques, une *compréhension individuelle*. Plus le traitement sera schématique, plus il déclenchera de résistances légitimes chez le malade et plus la guérison de celui-ci sera compromise. C'est pourquoi le psychothérapeute se voit obligé, qu'il le veuille ou non, de prendre en considération l'individualité de son malade. » [5]

Le libéralisme est la philosophie de la liberté

Benjamin Constant, l'homme politique et écrivain français, à l'extrême subtilité psychologique comme le prouve son célèbre roman, *Adolphe*, considéré comme le grand libéral de l'époque révolutionnaire et napoléonienne, résume ainsi sa vision du libéralisme, une vision où la liberté doit primer dans tous les domaines.

« J'ai défendu quarante ans le même principe, liberté en tout : en religion, en philosophie, en littérature, en industrie, en politique : et par liberté, j'entends le triomphe de l'individualité, tant sur l'autorité qui voudrait gouverner par le despotisme, que sur les masses qui réclament le droit d'asservir la minorité à la majorité. Le despotisme n'a aucun droit. La majorité a celui de contraindre la minorité à respecter l'ordre : mais tout ce qui ne trouble pas l'ordre, tout ce qui n'est qu'intérieur, comme l'opinion ; tout ce qui dans la manifestation de l'opinion, ne nuit pas à autrui, soit en provoquant des violences matérielles, soit en s'opposant à une manifestation contraire ; tout ce qui, en fait d'industrie, laisse l'industrie rivale s'exercer librement, est individuel, et ne saurait être légitimement soumis au pouvoir social. » [6]

Ce cadre intellectuel ne convient-il pas parfaitement aux psychanalystes qui considèrent que leur pratique permet aux hommes d'être encore plus libres ? En se dégageant de leurs névroses, en maîtrisant mieux leur soi, en comprenant mieux leurs ressorts profonds et inconscients, les hommes n'aboutissent-ils pas à plus de liberté ?

Ainsi, Freud, lui-même, s'il a très peu parlé du rapport direct entre la liberté et la psychanalyse, a tout de même écrit dans une note liminaire que le but de la psychanalyse consistait :

« non à rendre les réactions morbides impossibles, mais à donner au moi la liberté de se décider dans un sens ou dans un autre. » [7]

---

[5] *Présent et Avenir* de C.G. Jung (1956), Livre de Poche, 1995, p.15
[6] *Mélanges de littérature et de politique* de Benjamin Constant, 1829. In *Œuvres*, La Pléiade, Gallimard, 1957, p.835
[7] Cité par Paul Roazen dans *La Pensée politique et sociale de Freud*, Complexe, 1976

C'est pourquoi certains psychanalystes n'hésitent pas à considérer que « le système thérapeutique entier de Freud vise à la libération et à l'indépendance »[8] comme l'affirme Paul Roazen, le très célèbre historien canadien de la psychanalyse.

D'ailleurs pour juger des résultats d'une psychanalyse, le moyen le plus objectif consiste à demander l'avis des analysants eux-mêmes.

Dans un ouvrage intitulé *Ma psychanalyse est terminée*, une journaliste, Agnès Bardon, a enquêté auprès de plusieurs personnes ayant terminé une cure psychanalytique afin de recueillir leur sentiment sur l'apport de l'analyse. L'auteur est marqué par « les bénéfices de la psychanalyse sous l'angle de la liberté et pas seulement d'un mieux-être ».[9]

Au travers des témoignages recueillis, il apparaît que la psychanalyse facilite la réappropriation de son histoire personnelle et une meilleure connaissance de soi qui conduisent à un sentiment nouveau de liberté, « une condamnation à être libre ».

Le professeur de philosophie Alain Laurent explique que le principe cardinal du libéralisme est la « primauté de la liberté ». Il développe ainsi son idée[10] : « Primat de l'individu + primat de la liberté, cela donne d'évidence la primauté de la liberté individuelle, érigée en valeur matricielle du libéralisme ».

La liberté individuelle n'est-elle pas également la « valeur matricielle » de la psychanalyse ? Le psychanalyste Jean-Claude Lavie par exemple souligne que « la difficulté pour l'analyste, c'est d'arriver à ce que son patient devienne, sinon quelqu'un qui soit relativement libre, au moins plus libre qu'il ne l'est, par rapport à toutes les instances qui le ligotent de l'intérieur. »[11]

La notion de propriété de soi : une notion commune à la psychanalyse et à la philosophie libérale

La propriété est une des grandes valeurs du libéralisme, qu'on retrouve dans la déclaration des droits de l'homme de 1789. Comme le proclame le penseur libéral Yves Guyot : « l'être tout entier est une propriété ».[12]

---

[8] *La pensée politique et sociale de Freud* (1968) de Paul Roazen. Complexe, 1976, p.154

[9] *Ma psychanalyse est terminée* d'Agnès Bardon, Fayard, 2001, p.11

[10] *La Philosophie libérale* d'Alain Laurent, Les Belles Lettres 2002, p.55

[11] Entretiens avec Patrick Froté in *Cent ans après*, Gallimard, 1998, p.62

[12] *La Tyrannie collectiviste* d'Yves Guyot, Les Belles Lettres, 2005, p.34

Le philosophe Alain Laurent développe ce concept [13] : « Esquissée dès l'origine par Locke posant un individu « seigneur de lui-même » et « propriétaire de sa personne », cette figure souveraine de l'individu n'implique aucune atomisation sociale. Virtualité naturelle et visée morale, cette souveraineté proclamée par tant de libéraux porte sur soi-même (Stuart Mill : « sur lui-même, son corps et son esprit », l'individu est souverain ») et non sur autrui. L'individu s'y autodétermine, disposant de lui-même dans une propriété de soi excluant qu'il soit mis sous tutelle ou sacrifié à des fins niant son intégrité ».

Alain Laurent imagine un raisonnement par l'absurde[14] :

> « Si je n'étais pas propriétaire de moi-même, d'autres pourraient sans obstacle moral s'arroger un « droit » de propriété sur ma personne en faisant de moi leur chose ou leur esclave — en me réduisant au simple état de moyen au service de leurs fins égoïstes. C'est seulement en s'appartenant qu'un individu peut vivre et être reconnu en sujet souverain — sans être littéralement « aliéné », étranger à soi, privé de soi. »

Or l'objectif d'une psychanalyse n'est-il pas essentiellement de permettre au patient de devenir propriétaire de soi, de retrouver son intégrité, pour être encore plus libre ? Aller à la découverte de son inconscient, n'est-ce pas s'approprier un domaine qui n'appartient qu'à soi mais qui nous échappe si nous ne prenons pas l'initiative d'une telle démarche ?

La responsabilité individuelle est aussi au cœur de la pensée libérale et de la psychanalyse

Pour l'historien Paul Roazen, la responsabilité individuelle est au cœur de la psychanalyse.

« Tout manuel de technique analytique pourrait démontrer à quel point, loin d'absoudre les patients de la responsabilité de leurs actes, la psychanalyse entraîne une extension toujours croissante de la responsabilité propre (…). Le projet thérapeutique central de Freud fut d'asseoir le règne de ces commandes, de rendre les hommes plus authentiquement maîtres d'eux ».[15]

En effet, en matière de responsabilité, Freud est très proche des réflexions du psychologue social Gustave Le Bon, qui peut être

---

[13] *La Philosophie libérale* d'Alain Laurent, Les Belles Lettres, 2002, p.49
[14] *Ibid.*, p.79
[15] *La Pensée politique et sociale de Freud* (1968) de Paul Roazen, Complexe 1976, p.184

apparenté à la pensée libérale, compte tenu de sa confiance marquée dans l'individu et sa grande méfiance vis-à-vis de la puissance tutélaire envahissante de l'État, comme on peut le constater dans son ouvrage *Socialisme* (1922).

Freud s'attache à approfondir le rapport entre la psychologie individuelle et la psychologie des masses en écrivant en 1921 : *Psychologie des masses et analyse du moi*. Il s'inspire très largement du célèbre ouvrage *Psychologie des foules* de Le Bon que Freud décrit en disant qu'il est « devenu justement célèbre »[16] et pour lequel il utilise des qualificatifs tels que « peinture si impressionnante ».

Cet ouvrage de Freud permet d'éclairer sa pensée sur différentes notions prisées par les libéraux.

Ainsi Freud reprend à son compte les propos de Le Bon dans *Psychologie des Foules* et cite intégralement, dans *Psychologie des masses et analyse du moi*, ce passage :

> « La foule étant anonyme, et par conséquent irresponsable, le sentiment de la responsabilité, qui retient toujours les individus, disparaît entièrement. » [17]

Freud croit à la thèse de l'inhibition d'intelligence collective dans la masse. D'une part parce que les intelligences les plus grandes sont rabaissées par les intelligences plus faibles et que l'accroissement de l'affectivité sont défavorables à un travail correct de l'esprit, et d'autre part :

> « Parce que les individus sont intimidés par la masse et que leur travail de pensée n'est pas libre, et parce que chez chaque individu la conscience de la responsabilité de ce qu'il fait se trouve abaissée. » [18]

Dans ce contexte, pour Freud, l'individu confronté à la masse et à la pulsion grégaire perd son initiative.

> « Les riches liaisons affectives que nous reconnaissons dans la masse suffisent pleinement à expliquer un de ses caractères, le manque d'autonomie et d'initiative chez l'individu, la similarité de sa réaction avec

---

[16] *Psychologie des masses et analyse du moi* (1921) (Réf : *Œuvres complètes*, PUF, 1991, volume XVI, p.7)
[17] *Psychologie des foules*, (1895), Quadrige, PUF 1998, p.13
[18] *Psychologie des masses et analyse du moi* (1921) (Réf : *Œuvres complètes*, PUF, 1991, volume XVI, p.24)

celle de tous les autres, pour ainsi dire sa réduction au rang d'individu de la masse. » [19]

Ce n'est pas un psychanalyste mais un philosophe contemporain (Alain Laurent) qui explique que les libéraux sont :

> « Les adeptes d'une juste mesure qui recentre en priorité sur la responsabilité de soi, arrimée sur l'autonomie et l'indépendance d'un individu-sujet appelé à « s'assumer » sans en reporter la charge sur les autres ni dépendre passivement d'eux. Responsabilité de soi : par respect de soi et d'autrui, faire ce qu'il faut pour prendre soin de soi, avoir suffisamment de discernement et de courage pour s'assurer contre l'imprévisible, supporter les coûts et conséquences de nos propres choix. » [20]

La pratique psychanalytique ne s'inscrit-elle pas dans cette approche ? C'est en tout cas ce qui ressort des propos de la psychanalyste Joyce Mc Dougall (1920-2011) qui définit ainsi sa pratique auprès des analysants :

> « Notre seul but est de comprendre leur expérience psychique et de leur communiquer ce que nous croyons avoir compris, avec l'espoir qu'ils assumeront ensuite l'entière responsabilité de leurs choix et de leurs actes. » [21]

Le libéralisme de Françoise Dolto

Françoise Dolto, la célèbre psychanalyste spécialiste de l'enfance, s'inscrit aussi dans une tradition libérale centrée sur la liberté, l'autonomie et la responsabilité de l'individu.

Dolto paraît s'être consacrée aux enfants un peu comme les économistes s'intéressent aux raisons du développement des entreprises. Le parallèle est passionnant et somme toute logique. Ainsi à propos de l'autonomie, elle écrit :

> « Laissons l'enfant aussi libre que possible, sans lui imposer des règles sans intérêt. Laissons-lui seulement le cadre de règles indispensables à sa sécurité et il s'apercevra à l'expérience, lorsqu'il tentera de les transgresser, qu'elles sont indispensables et qu'on ne fait rien "pour l'embêter". » [22]

---

[19] *Ibid.*, p.55
[20] *La Philosophie libérale* d'Alain Laurent, Les Belles Lettres, 2002, p.66
[21] Entretiens avec Patrick Froté in *Cent ans après*, Gallimard, 1998, p.485
[22] *Les Étapes majeures de l'enfance* de Françoise Dolto, Folio, Gallimard, 1994, p.24

Nous pouvons qualifier Dolto de très libérale lorsqu'elle écrit par exemple : « De zéro à deux ans, l'enfant (…) va courir des risques mais il faut le laisser vivre, le laisser avoir des épreuves ». [23] « Lorsqu'il est un peu plus grand (…) le mieux est de le laisser-faire lui-même ses expériences, ce qui d'ailleurs le rendra extrêmement prudent ». [24] Et Françoise Dolto conclue ses propos, en retrouvant l'esprit de Gournay ou de Turgot (à l'origine de la fameuse formule du « Laissez-faire »), par cette « loi » : « Laissez votre enfant libre, mais soyez libre aussi. Empêchez votre enfant de vous gêner dans votre propre activité, mais ne le gênez pas dans la sienne ». [25] Cette conception de l'éducation est pour F. Dolto la meilleure façon de développer un climat de confiance et de sécurité.

Françoise Dolto insiste beaucoup sur cette notion de confiance. « Entre parent et enfant, la confiance devra être totale et réciproque ». [26] Or Alain Peyrefitte a démontré dans son ouvrage *La Société de confiance* (1995) le lien étroit entre le développement économique d'un pays et la culture de confiance qui y règne. Là encore, le parallèle est limpide. Selon F. Dolto,

> « Contrôler un enfant, c'est lui faire confiance, le laisser expérimenter ce qui est possible et parler de tout en confiance avec ses parents ».[27]

Les solutions préconisées par la psychanalyste pour aider les adolescents en difficulté reposent sur cette vision de la liberté et de la responsabilité. Dans un article intitulé « Quand le bachelier devient criminel », publié en 1949 (dans *Esprit*), Françoise Dolto évoque un crime perpétué par une bande de jeunes. Ses préconisations sont empruntes de libéralisme quand elle explique :

> « Les consultations psychanalytiques ou autres ne suffisent pas, non plus que l'éducation à l'école du savoir sexuel. Des solutions plus larges sont à trouver, des solutions sociales qui permettraient à tout âge des moyens d'expression créatrice valables pour tous les enfants. Une activité pratique à exercer dans une assez grande liberté, mais pas seulement des activités « libres », ludiques, gratuites — des activités réelles, rémunérées d'où l'exploitation (au sens habituel du mot) serait exclue, bien entendu, mais *où le sens de la responsabilité serait suscité, ainsi que le goût*

---

[23] *Ibid.*, p.95
[24] *Ibid.*, p.101
[25] *Ibid.*, p.107
[26] *Ibid.*, p.26
[27] *Ibid.*, p.55

de la liberté. Pour cela, il faut avant tout modifier l'esprit du corps ensei-
gnant et du public, modifier les emplois du temps et le mode d'enseignement ». [28]

Mais Françoise Dolto ne défend pas pour autant une vision
anarchique et prône la défense de règles de conduite, à l'instar des
philosophes libéraux qui placent le droit au cœur de leur réflexion. Elle
développe une approche des lois, assimilable à la vision libérale lorsqu'elle affirme par exemple :

« Je crois que très tôt les enfants doivent être mis au courant des lois
vraies. (…) Faisons bien attention lorsque nous donnons une loi à un
enfant qu'il s'agisse d'une véritable loi, d'une loi supra-familiale qui
régit les humains du groupe civique dont il fait partie. (…) Une
infraction à la loi, cela se paie. » [29]

Si Françoise Dolto développa une approche libérale dans son
métier, en matière d'éducation des enfants, elle délivra également une
approche résolument libérale en sortant du cadre purement thérapeutique et en remettant par exemple en cause la politique de fonctionnariat et de rémunération des enseignants.

« Tous ces systèmes d'avancement et ce fonctionnariat dans un
métier qui demande fraîcheur, inventivité, qualités humaines sont
absurdes ». [30] F. Dolto se montre en effet favorable à offrir la possibilité
d'enseigner, avec des contrats à temps renouvelables, à tous ceux qui
sont doués pour transmettre leur expérience : ouvriers, ingénieurs,
mères de famille, retraités… Au fond, si F. Dolto avait été vivante, elle
se serait peut-être opposée aux emplois-jeunes et aurait plutôt pré-
conisé le recours à des « seniors » expérimentés, au chômage ou en fin
de carrière, pour compléter le dispositif de l'Éducation nationale.
L'échec des emplois-jeunes (déception, démissions, manque de motivation) a d'ailleurs été notoire.

Au-delà de ses réflexions sur l'Éducation nationale, son expérience
et ses travaux l'incitent à faire des commentaires encore plus généraux
sur la société. Les extraits suivants dénotent une fois de plus son esprit
libéral :

---

[28] *Ibid.*, p.383
[29] *Les Étapes majeures de l'enfance* de Françoise Dolto, Gallimard 1994, p.67
[30] *Ibid.*, p.309

> « L'entraide est chose interpersonnelle et non assistance anonyme par l'État bureaucratique, lequel développe une éthique de destin sans risques, où le désir et l'amour meurent et où le parasitisme est vertu. L'inventivité et la créativité ne peuvent être orchestrées par le prince ou l'État aux multiples bureaucrates à pouvoir discrétionnaire. » [31]

Ou encore :

> « Je ne crois pas que penser autrement et appliquer autrement qu'on le fait la Sécurité sociale soit une utopie. Peut-être fallait-il mesurer ce qu'entraîne notre système, l'esprit démissionnaire devant la responsabilité de chacun vis-à-vis de lui-même et des autres de son entourage, je pense aux parents âgés, pour en voir les défauts. » [32]

Le libéralisme du psychiatre-psychanalyste Thomas Szasz

Thomas Szasz est sans doute le psychanalyste qui a le plus explicitement affirmé son attachement au libéralisme en insistant sur les notions d'individualisme, de liberté, de propriété et de responsabilité individuelle.

Thomas Szasz, américain (1920-2012), professeur de psychiatrie à l'Université de New York et psychanalyste, est surtout connu pour son long combat contre le « mythe de la maladie mentale ». Selon lui, la psychiatrie institutionnelle est un abus. La maladie mentale n'existe pas et ne peut être classifiée en maladie. Il s'agit pour lui d'un mauvais comportement. Dans son manifeste[33], il prône également la séparation de la psychiatrie et de l'État et condamne l'enfermement involontaire en hôpital psychiatrique. La plupart de ses écrits ont traité de ce sujet.

Thomas Szasz a fréquenté les milieux libertariens et individualistes animés par la philosophe et écrivain Ayn Rand dans les années 60. Il a lu avec intérêt des grands auteurs libéraux comme Ludwig von Mises et a eu des échanges intellectuels approfondis avec l'auteur Murray Rothbard (économiste libéral et libertarien). En cela, il se distingue particulièrement de ses confrères qui sont très rares à s'être plongés dans les textes des libéraux (et inversement d'ailleurs…).

Ainsi, il ressort de la lecture de son essai *L'Éthique de la psychanalyse* une grande harmonie entre la pensée libérale et sa vision de la psychanalyse. Cela explique que Szasz soit l'un des rares « psy » à trouver

---

[31] *La Cause des enfants* de Françoise Dolto, Robert Laffont, 1985, p.444
[32] *Ibid.*, p.445
[33] Disponible sur le site internet www.szasz.com

grâce aux yeux du philosophe et économiste libéral Hayek, très critique en général à l'égard de Freud. [34]

Prenons quelques exemples.

Voici tout d'abord deux citations qu'il a choisies pour introduire son ouvrage. Elles indiquent clairement que Szasz inscrit pleinement la démarche psychanalytique dans une logique de recherche de liberté individuelle.

> « … On devrait apprendre au malade à se libérer et à s'accomplir pleinement, non pas à nous ressembler » est extrait d'un texte de Sigmund Freud dans *Les Voies nouvelles de la thérapeutique psychanalytique* (1919). [35]

> « … Le but de la vie ne peut être que d'augmenter la somme de liberté et de responsabilité que l'on trouve dans chaque homme et dans le monde entier. On ne peut, en aucun cas, réduire ou supprimer cette liberté, même momentanément » (Albert Camus). [36]

Insistons ensuite sur le fait que Szasz n'est en aucun cas un « dissident » de l'École freudienne et tient à bien marquer son respect et sa filiation avec l'œuvre du fondateur de la psychanalyse même si les termes de « psychothérapie autonome » ou encore « psychothérapie de contrat » lui semblent préférables à « psychanalyse » pour ne pas heurter des analystes qui lui reprocheraient d'abuser du terme : « Notre but est le même : étendre le contrôle du Moi sur certains domaines du Ça, selon leurs propres termes, ou plutôt, comme je préfère le dire, augmenter la capacité du client à prendre des déterminations et à faire des choix »[37]. Il ajoute encore : « Freud créa un « instrument unique pour explorer la condition humaine et accroître la liberté personnelle. » [38]

En plaçant l'accroissement de la liberté de l'individu au cœur de la démarche psychanalytique, Szasz se place résolument du côté des penseurs libéraux pour qui la liberté de l'individu est la pierre angulaire.

> « Le niveau de liberté d'un individu influe beaucoup sur celui des gens qu'il fréquente. À partir de là, le concept de liberté ne peut manquer de jouer un grand rôle en psychiatrie et en psychothérapie. Peut-être le meilleur moyen est-il d'ailleurs de classer les psychothérapies du point de vue de la liberté. On peut ainsi discerner deux groupes : l'un visant à augmenter la liberté personnelle du patient ; l'autre cherchant à la di-

---

[34] *Droit, législation et liberté*, Tome 3 de Friedrich A. Hayek, 1979, PUF Quadrige, p.210
[35] *L'Éthique de la psychanalyse* de Thomas Szasz, Payot, 1976, p.12
[36] *Ibid.*
[37] *Ibid.*, p.15
[38] *Ibid.*, p.100

minuer (…). Le grand apport de Freud est d'avoir jeté les bases d'une thérapeutique cherchant à augmenter les choix des patients et donc sa liberté et sa responsabilité. » [39]

Ce raisonnement de Szasz inscrit ainsi totalement la démarche freudienne comme une démarche libérale même si comme le souligne Szasz :

> « Freud n'a jamais clairement exprimé cette vision libératrice de sa discipline, si ce n'est en insistant sur le but de libérer le malade du fardeau de ses mauvais souvenirs. Plus tard, dans les années 20 et 30, avec des analystes comme Wilhelm Reich, la psychanalyse devait permettre de libérer l'homme de ses inhibitions, de ses influences inconscientes exercées sur lui par ses introjections infantiles ou plus simplement, des idées qu'on lui avait inculquées lorsqu'il était enfant. Depuis la mort de Freud, le but de l'analyse est de libérer le patient des effets gênants de sa névrose (…). Nous voici de nouveau devant la notion de liberté. » [40]

Nous sommes bien loin de Marx et bien plus prêt de la philosophie libérale de Locke :

> « On jouit d'une véritable liberté quand on peut disposer librement, et comme on veut, de sa personne, de ses actions, de ses possessions, de toute sa *property*. » [41]

Szasz situe clairement la filiation entre le concept politique et philosophique de liberté individuelle et la psychanalyse et s'interroge sur la position de Freud sur ce sujet. Szasz rappelle qu'il existe un autre idéal de liberté : la liberté « collective », qui trouve ses racines chez Rousseau, Saint Simon et qui fut promu par Marx et les premiers communistes. « Le contenu de cette liberté est largement défini en termes négatifs comme liberté arrachée en général à la persécution d'un groupe d'oppresseurs. » [42] « En somme, c'est la liberté pour un groupe — ou liberté collective — de jouir des privilèges octroyés à un autre groupe. » [43]

---

[39] *Ibid.*, p.25-26
[40] *Ibid.*, p.27
[41] Cité par Philippe Nemo dans *Histoire des idées politiques aux temps modernes et contemporains*, PUF Quadrige, 2002, p.324
[42] *L'Éthique de la psychanalyse* de Thomas Szasz, Payot, 1976, p.29
[43] *Ibid.*

Conclusion

Au final, Szasz est probablement le psychanalyste qui affirme avec le plus de force la cohérence entre sa discipline et les idées libérales. Sa comparaison entre le traitement analytique qui vise à donner aux individus une plus grande liberté dans leur conduite personnelle et la réforme libérale mérite ainsi d'être citée *in extenso* :

> « Bien qu'au centre de la théorie du traitement analytique, la signification précise ou la nature de la liberté dans ce contexte n'ont jamais été explicitées ni articulées à l'intérieur d'un système éthique cohérent. Et pourtant, je prétends que la psychanalyse, en tant que psychothérapie, ne signifie rien si elle n'est pas articulée à la morale. C'est là que se trouve la portée morale et politique, en même temps que scientifique, de la situation analytique ; elle est un exemple du combat humain mené par la morale de l'individualisme et de l'autonomie personnelle. On peut ainsi comparer le dessein du traitement analytique au but d'une réforme libérale en politique. L'intention d'une constitution démocratique est de donner à un peuple opprimé par un gouvernement tyrannique une plus grande liberté dans sa conduite économique, politique et religieuse. Le dessein d'une psychanalyse est de donner aux patients emprisonnés dans leur système rigide d'action une plus grande liberté dans leur conduite personnelle. » [44]

---

[44] *Ibid.*, p.27

CHAPITRE 3

LA PSYCHANALYSE VUE PAR LES GRANDS
PENSEURS LIBÉRAUX AUTRICHIENS

Comme nous l'avons vu dans le premier chapitre, les plus grands penseurs libéraux du XXe siècle furent des contemporains et compatriotes du fondateur de la psychanalyse.

Ils se sont tous exprimés à propos de la psychanalyse et de Freud mais avec des points de vue divergents.

Leurs écrits sur ces sujets sont rares mais méritent d'y consacrer un chapitre dans la mesure où ils sont en général ignorés par les psychanalystes, à l'exception notable de Szasz comme nous venons de le voir.

Karl Popper, le premier à douter du caractère scientifique de la psychanalyse

Karl R. Popper est considéré comme l'un des plus grands philosophes des sciences du XXe siècle. Mais il élargit ses travaux à la philosophie politique en étant un défenseur de la « Société Ouverte » et en critiquant de manière implacable le totalitarisme dans toutes ses formes.

Popper fut sans doute le premier penseur libéral à s'être intéressé à la psychanalyse. Dans son ouvrage *Conjectures et réfutations*, le philosophe autrichien s'interroge dès 1919 sur la scientificité des trois idées révolutionnaires de l'époque : le marxisme, la psychanalyse freudienne et la psychologie individuelle d'Alfred Adler.

Selon Popper « toute bonne théorie scientifique consiste à proscrire : à interdire à certains faits de se produire. Sa valeur est proportionnelle à l'envergure de l'interdiction. Une théorie qui n'est réfutable par aucun événement qui puisse se concevoir est dépourvue de caractère scientifique. » [1]

Il place les trois doctrines au sein d'une même catégorie. Selon lui, elles participent davantage des anciens mythes que de la science et elles ressemblent plus à l'astrologie qu'à l'astronomie. Ces doctrines sont vérifiées systématiquement. Leurs théories sont toujours confirmées car il est toujours possible de trouver une interprétation *a posteriori* qui explique un

---

[1] *Conjectures et réfutations* de Karl R. Popper (1963), Payot, 1985, p.64

phénomène (pour les analystes freudiens, leurs théories cliniques sont sans cesse vérifiées par leurs observations cliniques).

Cette démonstration n'empêche pas Popper de reconnaître la valeur de la psychanalyse. Il associe dans son raisonnement les doctrines de Freud et Adler (Adler est à l'origine d'une école psychanalytique dissidente qui n'a pas connu la postérité).

> « Elles sont purement et simplement impossibles à tester comme à réfuter. Ceci n'explique pas que Freud et Adler n'aient pas eu une représentation exacte de certains phénomènes ; je suis convaincu, quant à moi, qu'une grande part de ce qu'ils avancent est décisif et tout à fait susceptible de trouver place ultérieurement dans une psychologie scientifique se prêtant à l'épreuve des tests. » [2]

Au total, Popper se montre donc intéressé par la psychanalyse mais demeure très critique du point de vue scientifique. En tout état de cause, il ne considère pas la psychanalyse comme une discipline opposée à sa conception de la société, mais en tant que philosophe de la science, il la rejette car elle n'est pas une science exacte.

Les critiques d'Hayek

Connu avant tout comme économiste (prix Nobel d'économie en 1974), Friedrich Hayek est en réalité l'un des grands philosophes du siècle dernier. Sa conception de la liberté, du capitalisme et du droit restera à tout jamais dans l'histoire des idées.

Or, Friedrich Hayek a assisté à l'avènement de Freud. Il indique ainsi qu'il a livré ses combats intellectuels « contre le marxisme et le freudisme dans la Vienne des années 20. » [3]

Hayek combat Freud pour plusieurs raisons :

- Il rejette le marxisme et le « freudisme » dans la même catégorie, celle du rationalisme constructiviste, selon lequel « toutes les institutions sociales sont le résultat d'un dessein délibéré, et doivent l'être. » [4]

- Il considère que Freud se trompe sur l'ordre moral : « lorsque prophètes et philosophes, de Moïse à Platon et Saint Augustin, de Rousseau à Marx et à Freud, ont protesté contre la morale courante, il est clair qu'aucun d'eux n'avait la moindre idée du degré auquel les pra-

---

[2] *Conjectures et réfutations* de Karl R. Popper (1963), Payot, 1985, p.66
[3] *Droit, législation et liberté*, Tome 3, de Friedrich A. Hayek, 1979, PUF Quadrige, note 63 p.235
[4] *Ibid.*, Tome 1, de Friedrich A. Hayek, 1979, PUF Quadrige, p.6

tiques qu'ils condamnaient avaient contribué à la civilisation dont ils faisaient partie. Ils ne se rendaient aucunement compte de ce que le système de prix concurrentiels et de rémunérations signalant aux individus ce qu'il faudrait faire, avait rendu possible une spécialisation très poussée, car ce système informait les individus sur le meilleur moyen de rendre service à d'autres hommes dont ils ignoraient peut-être l'existence. (…) Ils ne comprenaient pas davantage que ces opinions morales qu'ils condamnaient étaient moins la conséquence que la cause de l'évolution de l'économie de marché. (…) Bien que la société en question éprouve le besoin de faire respecter ses règles de conduite propres afin de ne pas se disloquer, ce n'est pas la société ayant une structure donnée qui crée les règles appropriées à cette structure : ce sont les règles, suivies par quelques-uns puis imitées par le grand nombre, qui ont créé un ordre social d'un certain type. » [5]

Dans un autre paragraphe intitulé « La destruction de valeurs indispensables par erreur scientifique : Freud », Hayek mène une charge terrible contre son compatriote en considérant qu'il contribue à démolir la culture[6] :

> « Par ses profondes répercussions sur l'éducation, Sigmund Freud est probablement devenu le plus grand démolisseur de la culture. Bien que sur ses vieux jours, dans *Malaises dans la civilisation*, il semble n'avoir pas peu été troublé par certaines conséquences de son enseignement, son objectif fondamental, qui fut d'abolir les répressions culturelles acquises et d'affranchir les pulsions naturelles, a ouvert la plus fatale offensive contre la base de toute civilisation. Le mouvement a culminé il y a une trentaine d'années et la génération qui a mûri depuis a été largement éduquée selon ses théories. Je vous donnerai de cette époque seulement une expression particulièrement crue des idées fondamentales, formulée par un psychiatre canadien qui devint plus tard le premier secrétaire général de l'Organisation mondiale pour la santé. En 1946, feu le Dr G.B. Chisholm, dans un ouvrage qui fut l'objet des éloges d'une haute autorité juridique américaine, préconisait l'éradication du concept de bien et de mal qui a été la base de la formation des enfants, la substitution de la pensée intelligente et rationnelle à la foi dans les certitudes des vieilles gens (…) [étant donné que] la plupart des psychiatres et psychologues ainsi que maintes autres personnalités respectables se sont évadés de ces chaînes morales et sont capables d'observer et de penser librement. »

---

[5] *Ibid.*, pp.198-199
[6] *Ibid.*, pp.208-209

Il ajoute :

> « C'est la moisson de cette semence que nous récoltons aujourd'hui. Ces sauvages non domestiqués qui se représentent comme aliénés de quelque chose qu'ils n'ont jamais apprise, et qui même entreprennent de bâtir une « contre-culture », sont l'inévitable produit de l'éducation permissive qui se dérobe au devoir de transmettre le fardeau de la culture, et se fie aux instincts naturels qui sont les instincts de sauvage. (…) Que pouvons-nous attendre d'une génération qui a atteint l'âge adulte pendant les cinquante années où la scène britannique a été dominée par une personnalité qui avait publiquement déclaré avoir toujours été et vouloir toujours rester un immoraliste ? »

Hayek critique ainsi avec vigueur l'esprit de Freud que nous pourrions qualifier de pré soixante-huitard ou encore de relativisme.

Mais est-il juste d'accuser Freud avec autant de sévérité ? N'est-ce pas faire l'amalgame entre le fondateur de la psychanalyse et certains de ses héritiers, et en particulier les « freudo-marxistes » ? C'est ce qu'on peut ressentir en lisant cette remarque d'Hayek où l'on voit qu'il associe le créateur de la psychanalyse au marxisme :

> « Si j'avais eu encore besoin d'une preuve que d'éminents psychologues, y compris Sigmund Freud, peuvent dire des sottises sur les phénomènes sociaux, cette preuve m'aurait été fournie par la sélection de quelques-uns de leurs essais, publiée par Ernest Borneman sous le titre *The Psychoanalysis of money* (…). Cela éclaire aussi dans une large mesure l'étroite association entre la psychanalyse et le socialisme, et spécialement le marxisme. » [7]

Il semble ainsi qu'Hayek ne remette en cause ni le talent et l'expertise de Freud ni les apports de la psychanalyse, en tant que méthode d'investigation de l'inconscient et de technique thérapeutique. En fait, il ne s'y intéresse pas. Ce qui retient son attention, ce sont les écrits où le fondateur de la psychanalyse sort du champ de la psychanalyse pour tenter de comprendre le monde et la société qui l'entoure, dans la période de l'histoire fortement perturbée des années 1920.

Et en effet, Freud mérite d'être classé parmi les « constructivistes » tant combattus par Hayek, puisque Freud est un grand défenseur de la science, qu'il associe à la raison. C'est d'ailleurs paradoxal sachant que la psychanalyse se penche avant tout sur la part d'irrationnel de l'individu (lapsus, rêves, etc.).

---

[7] *Droit, législation et liberté*, Tome 3, de Friedrich A. Hayek, 1979, PUF Quadrige, note 63 p.235

Pour Freud, « la science n'est pas une illusion. Mais ce serait une illusion que de supposer que nous pourrions obtenir ailleurs ce qu'elle ne peut nous donner. »[8] En raison de sa formation scientifique, de ses découvertes, et une fois de plus dans un contexte de pessimisme général et personnel (« Il faut selon moi compter avec le fait que, chez tous les hommes, sont présentes des tendances destructives, dont antisociales et anti culturelles »[9]), Freud a espéré que la science, source de progrès pour la civilisation, sauverait le monde et que les vérités scientifiques se substitueraient aux consolations trompeuses de la religion. Il écrit ainsi : « Nous croyons que le travail scientifique a la possibilité d'apprendre par l'expérience, sur la réalité du monde, quelque chose par quoi nous pouvons aménager notre vie ».[10]

Il me semble qu'au final Hayek est réducteur en ne voyant en Freud qu'un constructiviste, inventeur de « la libération personnelle par le rejet des refoulements et de la morale traditionnelle » ou le défenseur d'une « éducation permissive comme voie vers la liberté »[11] et en passant à côté de l'apport de la psychanalyse en tant que thérapie individuelle.

Hayek, comme de nombreuses personnes opposées à la psychanalyse, n'y voit qu'une lecture de l'homme « déterministe » : si j'agis de la sorte, ce n'est pas de ma faute, mais parce que je suis influencé par mon inconscient, lui-même façonné par des traumatismes liés à ma petite enfance, à mes relations avec mes parents, etc…

Mais ils négligent ou refusent de voir tout ce que la psychanalyse peut, au contraire, apporter à l'individu en lui permettant d'être plus responsable de ses actes : si je comprends mieux pourquoi j'agis à l'instant t sous la pression d'une pulsion intérieure, je peux être en mesure de mieux maîtriser cette pulsion. La psychanalyse permet aussi à l'individu de mieux appréhender les émotions des personnes qui l'entourent, car se connaissant mieux lui-même, il comprend aussi mieux la nature humaine. Ainsi, s'il le souhaite, il peut développer un comportement empathique vis-à-vis de son prochain et se comporter de manière plus responsable.

---

[8] *La Vie et l'œuvre de Sigmund Freud*, Tome 3 : Les dernières années, PUF, 1969, p.406
[9] *L'Avenir d'une illusion* de Sigmund Freud, 1927, Ed PUF Quadrige, 1995, p.7
[10] *Ibid.*, p.56
[11] *Droit, législation et liberté*, Tome 3, de Friedrich A. Hayek, 1979, PUF Quadrige, p.210

Vers une synthèse de Freud et d'Hayek

Pourtant, malgré les critiques violentes d'Hayek à l'encontre de son compatriote, il est tentant de rechercher une synthèse entre les deux pensées !

Ce qui est tout d'abord remarquable, c'est que les deux hommes ont finalement réfléchi aux mêmes problématiques. Hayek le dit lui-même dans son dernier livre *La Présomption fatale* dont une phrase évoque « la survie de notre civilisation » : « Si ce n'est que ses conclusions diffèrent grandement de celles de Freud, le propos de ce livre ressemble sous cet angle à celui de *Malaise dans la civilisation* ».[12] (dont le titre fut ensuite traduit par *Le Malaise dans la culture*). Cet ouvrage de Freud semble être le seul véritablement étudié par le prix Nobel de sciences économiques.

Ainsi, Freud et Hayek, chacun équipé de sa propre grille de lecture, cherchent à comprendre l'homme, le fonctionnement et l'avenir de la société.

Mais leurs grilles de lecture possèdent un point commun ! La recherche d'une vérité d'un deuxième degré. Le psychanalyste va au-delà du conscient pour aider l'analysant à découvrir son inconscient. Le libéral, comme l'a si bien décrit l'économiste, homme politique et polémiste libéral français, Frédéric Bastiat (1801-1850), ne s'arrête pas à ce qu'on voit — la fermeture d'une usine par exemple — il intègre dans son raisonnement ce qu'on ne voit pas : les subventions octroyées à cette même usine pour éviter qu'elle ferme, subventions qui se font au détriment d'autres emplois qui auraient pu être créés si les personnes « ponctionnées » par cette subvention avaient pu choisir librement l'affectation de leur épargne.

De même que la psychanalyse est la quête de la connaissance de soi, de même le libéralisme est la quête de la connaissance des hommes en société. Citons Hayek :

> « L'attitude d'un libéral à l'égard de la société est comme celle d'un jardinier qui cultive une plante, et qui, pour créer les conditions les plus favorables à sa croissance, doit connaître le mieux possible sa structure et ses fonctions. » [13]

---

[12] *La Présomption fatale* de Friedrich A. Hayek, 1988, PUF Libre Échange, p.29
[13] *La Route de la Servitude* (1943), Ed Quadrige PUF, p.20

Freud et Hayek ont — osons faire ce parallèle — accompli le même travail, l'un sur l'individu, l'autre sur l'économie à un niveau plus « macro ». À la définition que donne le psychanalyste Jean-Claude Lavie : « La psychanalyse n'a à répondre qu'à un seul défi : faire apparaître ce qui n'est pas conscient, et qui se manifeste dans le vécu du patient »[14], on pourrait être tenté de donner cette définition de la vision hayekienne de l'économiste : faire apparaître ce qui n'est pas visible dans l'économie et qui se manifeste dans le vécu des échanges.

Les auteurs de la synthèse *La Psychanalyse pour les nuls* avancent que sur la scène de théâtre, avec ses décors et ses masques, qu'est la société, « la psychanalyse fait voir une autre scène derrière le décor et les visages derrière les masques ». [15] C'est la même recherche de vérité, de travail en profondeur, qui anime les économistes libéraux et notamment ceux de l'école autrichienne comme Hayek.

Si on applique à Hayek le théorème énoncé par le psychanalyste Jean-Claude Lavie : « Nier la psychanalyse et nier les phénomènes inconscients est une même chose »[16], alors on peut en déduire qu'Hayek ne nia pas la psychanalyse… appliquée à la vie en société tant il n'hésite pas à utiliser à de multiples reprises les mots « conscient » et « inconscient ».

Certes, comme le souligne le philosophe Philippe Nemo[17], la terminologie utilisée par Hayek n'a pas de rapport avec le sens freudien. Pour Hayek, « inconscient » signifie « ce qui est senti mais non raisonné » et a plus de rapport « avec des processus intellectuels qu'avec des processus émotionnels ».

Ainsi, dit-il à propos de la concurrence : « En vérité, un des arguments principaux en faveur de la concurrence est qu'elle permet de se passer de contrôle social conscient. » [18] C'est en effet « la seule méthode qui permette d'ajuster nos activités les unes aux autres sans intervention arbitraire ou coercitive de l'autorité. » [19]

Cela étant, le parallèle est saisissant.

Pour Hayek, le fonctionnement économique du capitalisme, irremplaçable en raison de « son aptitude supérieure à utiliser la connaissance dispersée »[20] des hommes, est dû au fait que nos valeurs et institutions

---

[14] Entretiens avec Patrick Froté in *Cent ans après*, Gallimard, 1998, p.93
[15] *La Psychanalyse pour les Nuls* de Christian Godin et Gilles-Olivier Silvagni, First Editions, 2012, p.14
[16] *Ibid.*, p.45
[17] *La Société de droit selon F.A. Hayek*, Libre Echange PUF, 1988, p.58
[18] *La Route de la Servitude* (1943), Ed Quadrige PUF, p.33
[19] *Ibid.*
[20] *La Présomption fatale* de Friedrich A. Hayek, 1988, PUF Libre Echange, p.15

« sont déterminées (…) par leur appartenance au processus d'auto-organisation inconsciente d'une structure ou d'un modèle ». [21] Il écrit encore que « nous sommes conduits — par le système de fixation des prix au sein de l'échange marchand, par exemple — à faire des choses dans des circonstances dont nous n'avons globalement pas conscience, et qui produisent des résultats que nous ne recherchons pas. » [22]

Si l'utilisation de mêmes mots se fait dans une logique différente, il y a néanmoins chez Hayek et Freud la même prise en compte de la complexité.

- La psychanalyse est le parcours éducatif et thérapeutique d'un individu qui décide de comprendre sa propre complexité.

- Être libéral selon Hayek, c'est admettre que l'ordre spontané est le meilleur moyen de gérer la complexité qui nous entoure. C'est admettre que la volonté de dominer cette complexité est illusoire car aucun homme, aucun scientifique ne peut à lui seul tout maîtriser, tout comprendre.

Alors si Freud et Hayek s'étaient rencontrés, quel aurait été le résultat de leurs échanges intellectuels ? Je ne peux m'empêcher de croire que Hayek aurait peut-être infléchi le pessimisme freudien.

En fait, le véritable lien entre Freud et Hayek, autrement dit entre la psychanalyse et la philosophie libérale du XXᵉ siècle, a été établi par le maître d'Hayek, son professeur d'économie : Ludwig von Mises.

Praxéologie et psychanalyse

Non seulement Mises établit une origine commune à sa propre école et à celle de la psychanalyse comme nous l'avons vu dans le chapitre précédent mais de plus il ne critique pas cette discipline, contrairement à Hayek. Il admire Freud, qualifié de « grand maître de la psychologie ».[23]

Le champ d'investigation de Mises alla au-delà de l'économie. Il se consacra à la « science de l'agir humain », qu'il dénomma « Praxéologie ». L'ouvrage principal consacré à cette thèse est l'*Action humaine* (1949), que certains considèrent comme le pendant méconnu du *Capital* de Marx. D'après Mises, « les enseignements de la praxéologie et de l'économie sont valides pour toute action humaine sans se préoccuper

---

[21] *Ibid.*
[22] *Ibid.*, p.23
[23] Extrait de *Le Libéralisme* (première édition allemande en 1927 sous le titre *Liberalismus*). Traduction Hervé de Quengo.

des motivations, causes ou buts sous-jacents. (…) La praxéologie s'intéresse aux voies et moyens pour atteindre des buts ultimes. Son objet est le moyen et non la fin. »

Or Mises n'oppose pas la praxéologie à la psychanalyse. Pour lui, il s'agit de deux approches complémentaires : l'une commençant où s'arrête l'autre : « La psychologie, comme l'économie, commence avec l'individu. Cela concerne les évènements internes invisibles et intangibles de l'esprit qui détermine les échelles de valeur de l'homme, lesquelles se traduisent ou peuvent se traduire en action. L'économie commence à l'endroit où la psychologie cesse. »

Il complète cette analyse en expliquant que « La psychologie traite avec les théories qui expliquent pourquoi les gens choisissent certains buts ou comment les gens agissent dans certaines dispositions. La praxéologie, d'un autre côté, s'intéresse aux implications logiques du fait que les gens ont des buts ou du fait qu'ils agissent pour les atteindre. »

Mises ajoute à propos de la psychanalyse et de l'inconscient :

> « Le domaine de notre science est l'action de l'homme, non les événements psychologiques qui aboutissent à une action. C'est précisément cela qui distingue la théorie générale de l'activité humaine, la praxéologie, de la psychologie. Le thème de la psychologie est constitué par les événements intérieurs qui aboutissent, ou peuvent aboutir, à un certain acte. Le thème de la praxéologie est l'action en tant que telle. Cela règle également la relation de la praxéologie avec le concept psychoanalytique du subconscient. La psychanalyse est aussi de la psychologie, et n'étudie pas l'action mais les forces et facteurs qui amènent un homme à un certain acte. Le subconscient psychanalytique est une catégorie psychologique, non pas praxéologique. Qu'une action découle d'une claire délibération, ou de souvenirs oubliés, de désirs réprimés qui de régions submergées, pour ainsi dire, dirigent la volonté, cela n'influe pas sur la nature de l'action. Le meurtrier, qu'une impulsion subconsciente (le « ça ») pousse vers son crime, et le névrotique, dont le comportement aberrant paraît à l'observateur non entraîné n'avoir simplement aucun sens, agissent l'un comme l'autre ; l'un et l'autre, comme n'importe qui, poursuivent un certain objectif. C'est le mérite de la psychanalyse d'avoir démontré que même le comportement du névrotique et du psychopathe est intentionnel, qu'eux aussi agissent et poursuivent des objectifs, bien que nous qui nous considérons comme normaux et sains d'esprit, tenions pour insensé le raisonnement qui détermine leur choix, et pour contradictoires les moyens qu'ils choisissent en vue de ces fins. Le terme « inconscient », lorsque employé en praxéologie, et les termes « subconscient » et « inconscient », tels que l'applique la psychanalyse, appartiennent à deux systèmes différents de pensée et de recherche. La praxéologie, non moins que d'autres

branches du savoir, doit beaucoup à la psychanalyse. Il n'en est que plus nécessaire d'être attentif à la frontière qui sépare la praxéologie de la psychanalyse. » [24]

Conclusion

Ainsi Mises, le premier, a défini d'une certaine manière ce que je désigne par le néologisme « freudo-libéralisme ». La praxéologie, la science de « l'agir humain » est selon lui complémentaire de la psychanalyse. Avec ces deux disciplines adjacentes, on dispose de grilles d'analyse permettant à la fois de comprendre l'économie et les échanges entre individus avec une vision libérale et d'interpréter l'inconscient de chacun.

Si l'économie est la science de l'échange, la psychanalyse est quant à elle la science qui permet à chaque individu d'accroître sa connaissance de lui-même et des autres, autrement dit de mieux se situer dans ses échanges avec les autres.

[24] *Action Humaine - Un Traité d'Economie* de Ludwig von Mises (1949).

CHAPITRE 4

LE SUCCÈS DE LA PSYCHANALYSE
DANS LES PAYS LIBÉRAUX

Les démocraties libérales ont favorisé considérablement l'essor de la psychanalyse. N'en déplaise aux adversaires du libéralisme, sans ces régimes libéraux, la psychanalyse n'aurait pas connu un tel succès.

Le développement de la psychanalyse aux États-Unis

La psychanalyse fut adoptée avec un grand enthousiasme de l'autre côté de l'Atlantique. Freud y effectua un voyage dès 1909, ses conférences suscitèrent un grand intérêt. La psychanalyse parvint à séduire la frange la plus moderniste et progressiste des médecins qui constituèrent ainsi des foyers d'innovation. [1] L'*American Psychoanalytic Association* vit le jour en 1914 avec à sa tête James Putnam.

Putnam rejetait le matérialisme et le déterminisme supposés de Freud. Putnam préférait les notions de « créativité » de l'être humain, de « volonté », de « moralité », anticipant ce qui allait devenir une des constantes de la psychanalyse américaine. Freud, accompagné de Jung, rencontra Putnam lors de son voyage aux États-Unis en 1909 et commenta ainsi cette rencontre : « La seule chose qui nous gênait chez cet homme éminent, dont les orientations étaient, par suite d'une réaction à des dispositions obsessionnelles, à prédominance éthique, était l'exigence qu'il nous faisait de rattacher la psychanalyse à un système philosophique déterminé et de la mettre au service d'aspirations morales. » [2] Freud tenait ainsi plus que tout à l'originalité de sa découverte et craignait toute forme de récupération.

Les ouvrages de Freud sont traduits et publiés aux États-Unis dès la période de la Première Guerre mondiale. Sa doctrine y est enseignée aux étudiants en médecine.

La psychanalyse connaît alors une extraordinaire ascension. Roland Jaccard fournit une explication sociologique[3] : elle arrivait au bon moment, c'est-à-dire dans une époque où la morale « civilisée » tout comme

---

[1] *Histoire de la psychanalyse* sous la direction de Roland Jaccard, Hachette, 1982, p.240
[2] *Sigmund Freud présenté par lui-même* (1925), Folio Essais, 1984, pp.87-88
[3] *Histoire de la psychanalyse* sous la direction de Roland Jaccard, Hachette, 1982, p.242

les liens sociaux traditionnels et les forces de cohésion qui l'avaient maintenue en place étaient en déroute.

La sociologue américaine Sherry Turkle soutient que « dans cette nation d'immigrants, la psychanalyse, qui renvoyait à l'histoire individuelle, contribuait à compenser l'absence de passé collectif ».

Les Américains optent pour une pratique très réglementée de la psychanalyse : seul le corps médical est autorisé à l'exercer, ce qui transforme aux yeux de Freud la psychanalyse en une sous-section de la psychiatrie. Sans revenir sur les avantages et inconvénients de cette décision, on peut affirmer qu'elle a probablement permis de donner un cadre légal à la pratique de la psychanalyse et a ainsi favorisé son essor au démarrage (mais a peut-être aussi constitué un frein à son développement sur le long terme).

Roland Jaccard tente de distinguer écoles américaines des écoles européennes :

Les écoles américaines de psychiatrie et de psychanalyse « suivent de façon prédominante une tradition issue de Locke et voient l'esprit humain comme l'a vu le philosophe : une *tabula rasa* à la naissance, une entité qui est moulée graduellement par les expériences vitales filtrées par les sens. Dans cette tradition, l'accent est mis sur l'interpersonnel. »

Elles s'opposent aux écoles européennes qui « suivent plutôt la tradition leibnizienne et décrivent l'homme comme Leibniz l'a fait : une entité psychologique déjà équipée à la naissance d'un plein statut d'être humain. (…) Ici, l'accent est mis sur l'intrapsychique, l'interpersonnel étant secondaire. » [4]

En tout cas, durant l'entre-deux-guerres, l'association internationale de la psychanalyse, l'IPA, passe progressivement sous contrôle anglo-saxon puis américain, ce qui souligne le poids du succès de la psychanalyse sur le continent nord-américain.

Parmi les nombreuses théories développées aux États-Unis, insistons sur celles de l'École de Chicago. (à ne pas confondre avec celle des économistes libéraux qui travaillèrent sur la théorie de choix publics…).

L'École de Chicago

Citons encore Roland Jaccard : « Ce fut l'émigration des psychanalystes allemands et autrichiens persécutés par le nazisme, qui modifia considérablement le paysage de la psychanalyse aux États-Unis et qui

---

[4] *Ibid.*, pp.252-253

contribua à son essor et son éclectisme, tout au moins jusque vers la fin des années 60.

En particulier l'influence de l'École de Chicago fut déterminante. Animée par Heinz Hartmann, Ernst Kris et Rudolph Loewenstein, elle s'attache à la constitution d'une théorie du moi : l'*ego-psychology*.» [5]

Comme le souligne Roland Jaccard[6], l'École de Chicago s'attache en premier lieu à l'observation de l'enfant et à la formation de la structure psychique. Elle tente de démontrer l'existence d'un moi autonome, qui se développe dans une sphère libre de conflits et qui aurait une visée adaptative à la réalité. Autrement dit, le moi et le ça se différencieraient dès le début. Alors que Freud privilégie le primat de l'inconscient sur le moi et de la pulsion de mort sur les autres pulsions, l'ego-psychology accorde une place prépondérante au Moi. À noter que l'ego-psychology reçoit au sein de l'IPA le soutien de la fille de Freud, elle-même psychanalyste, Anna Freud.

L'œuvre de Hartmann témoigne d'un profond sentiment de la consistance et de l'efficacité du moi. D'après Roland Jaccard : « on comprend mieux les réticences qu'inspirent les théories de l'ego-psychology, lorsque l'on voit où elles peuvent mener : à la psychanalyse comme moyen d'adapter l'individu à la société dans laquelle il vit »[7], autrement dit à une vision de la psychanalyse que l'on pourrait qualifier de vecteur d'adaptation à la société capitaliste américaine et donc au libéralisme.

C'est avec notamment ces théories que la psychanalyse s'introduit dans le domaine du travail social. Les recherches qui sont menées dès les années 20 aux États-Unis sur le management et la gestion des entreprises commencent à intégrer la psychanalyse.

D'après Jaccard, la psychanalyse américaine, après une point culminent dans les années 50, a connu ensuite un certain désenchantement. L'historien cite Norman Mailer qui disait que ce désenchantement était dû au fait que « les personnes qui suivent un traitement psychanalytique ont affaire à des individus qui ne sont plus des hommes cultivés, ouverts à la poésie et engagés dans une aventure intellectuelle, mais des techniciens dont l'intérêt majeur est de dominer le matériel qu'il trouvent devant eux et qui les traitent comme s'il s'agissait d'un objet ou d'une machine qui aurait besoin d'être réparée ». [8] Peut-être ce tournant donne-

---

[5] *Éléments de psychologie psychanalytique* de Hartmann, Kris et Loewenstein, Ed PUF 1975, p.43
[6] *Histoire de la psychanalyse* sous la direction de Roland Jaccard, Hachette, 1982, pp.248-249
[7] *Ibid.*, p.249
[8] *Ibid.*, p.257

t-il raison après coup à Freud qui défendait l'analyse profane (pratique par des non-médecins), interdite aux États-Unis.

Le développement de la psychanalyse aux États-Unis est fortement critiqué en France, notamment par les lacaniens qui y voient quasiment une récupération de leur pratique par le capitalisme.

Ainsi, la lacanienne Judith Feher-Gurewich développe une vision plutôt anti-libérale de la psychanalyse américaine et notamment de l'ego-psychology. [9] Projette-t-elle ses positions politiques sur son diagnostic ? Il est clair en tout cas qu'elle néglige la filiation réelle entre les psychanalystes comme Hartman, Kris et Loewestein qui n'ont de cesse de faire référence à leur maître[10], Freud, qui connaissent parfaitement des œuvres de ce dernier et cherchent à faire progresser leur discipline grâce à de nouvelles découvertes sans pour autant rejeter ses théories.

> « Quand la psychanalyse freudienne s'est introduite en Amérique du Nord au début de ce siècle, elle s'est constituée comme charnière entre l'éthique protestante et les idéaux de la libre entreprise. À la fois soldat et architecte, elle a donné à cette société de pionniers les moyens de penser ses membres comme des êtres indépendants, responsables et *self sufficient*. En ce sens, la psychanalyse américaine a très vite perdu la dimension subversive que lui avait reconnue Freud. Elle s'est inscrite dès le départ dans l'esprit du pragmatisme philosophique qui place le potentiel créatif de l'individu sur un pied d'égalité avec les institutions sociales qui l'entourent. Les aspirations individuelles et le bien social se complètent, si du moins les premières trouvent matière à s'épanouir dans les dernières. »

Et elle ajoute :

> « Comme une partie du *working through* était en quelque sorte prise en charge par la société elle-même, la psychanalyse devait agir là où on avait besoin d'elle, c'est-à-dire au niveau d'un moi qui manquait d'idéaux stables auxquels se raccrocher. La libération des forces inconscientes du sujet devenait secondaire face à la nécessité de lui assurer un sens de soi stable et un moi solide, capables de faire face aux aléas de cette société en mutation. Ce renversement des rôles explique pourquoi, dès le départ, la psychanalyse s'est annoncée comme une science de l'adaptation. »

Ses propos sont caractéristiques d'un mouvement de pensée qui n'admet pas que la psychanalyse puisse s'épanouir dans une société libérale et ne voit dans les développements de la psychanalyse aux États-

---

[9] *Lacan avec la psychanalyse américaine*, sous la direction de Judith Feher-Gurewich et Michel Tort, Denoël, 1996, pp.14-15

[10] in *Eléments de psychologie psychanalytique* de H. Hartmann, E. Kris, R.M. Loewenstein, PUF 1975

Unis qu'une psychanalyse domestiquée par le capitalisme et collaborationniste.

À propos de l'ego-psychology, Judith Feher-Gurewich suggère que « le modèle normatif proposé par le moi « bien analysé » de l'analyste américain de la deuxième génération rencontre l'idéal du citoyen américain des années 50 et 60. L'autonomie, la responsabilité, l'esprit d'entreprise, le goût pour la sublimation sans oublier le droit à l'orgasme dans le cadre de la conjugalité, ont droit de cité. » [11]

Mais elle insiste également sur le revers de fortune que va connaître ce mouvement de la psychanalyse : « À force de vouloir démontrer les résistances qui font échec à l'esprit d'entreprise et au sens de l'autonomie, l'analyste de la deuxième génération semble ignorer les nouveaux malaises psychiques qui sévissent dans une Amérique fatiguée par les excès du *time is money* et autre abus du capitalisme. » [12]

L'auteure de ces propos, écrits pourtant en 1996, semble ignorer l'incroyable énergie de l'économie américaine au cours de la fin du vingtième siècle qui a prouvé que l'Amérique n'était pas vraiment fatiguée !

Il est amusant de lire comment Élisabeth Roudinesco, psychanalyste et historienne de la psychanalyse, « gardienne du temple » de la psychanalyse française (et intellectuelle de gauche), sans doute gênée par la rigueur et la filiation freudienne des trois psychanalystes américains leur trouve des circonstances atténuantes.

Elle considère ainsi qu'il ne faut pas réduire leur théorie à une « simple adaptation des sujets à la société capitaliste ». Elle renvoie selon elle « également au rêve d'une certaine diaspora soucieuse de mettre fin à son errance géographique »[13] et qui cherche à sortir de son ghetto pour « planter le drapeau de leur moi déchiré sur le terroir enfin conquis d'une terre promise ». [14] Il est vrai qu'Hartmann comme Kris sont tous deux des juifs d'Europe centrale qui ont dû fuir les pogroms.

Au-delà de ces analyses critiques et des querelles de chapelles, convenons que la psychanalyse a connu une expansion très forte aux États-Unis, symbolisée par sa présence systématique dans les films de Woody Allen. Elle y a trouvé, comme tous les produits, un marché local immense et ce sont effectivement les théories et pratiques les plus centrées sur l'individu qui s'y sont imposées, culture libérale oblige. Mais

---

[11] *Lacan avec la psychanalyse américaine*, sous la direction de Judith Feher-Gurewich et Michel Tort, Denoël, 1996, p.17
[12] *Ibid.*, p.18
[13] in *Histoire de la psychanalyse en France*, Tome 2, d'Élisabeth Roudinesco, Fayard, 1994, p.182
[14] *Ibid.*

nous pouvons aller plus loin et considérer, à l'instar de Jean-François Revel, que la psychanalyse a favorisé la révolution des années 60-70 qui a eu lieu aux États-Unis, une révolution… freudo-libérale.

La révolution freudo-libérale a eu lieu aux États-Unis !

En 1970, le philosophe Jean-François Revel publiait en effet *Ni Marx, Ni Jésus* où il développait la thèse selon laquelle la grande révolution du XXe siècle allait être la révolution libérale et non pas la révolution socialiste. Cette révolution prenait naissance dans les années soixante (à Berkeley vers 1964-65) et allait rapidement s'exporter vers l'Europe et se décliner en France en mai 68.

Selon lui, c'est le libéralisme multidimensionnel des Etats-Unis, politique, économique et culturel qui fut à l'origine de ce mouvement.

> « Prospérité économique et taux de croissance continu, sans lesquels tout projet révolutionnaire est du vent ; compétence technologique et niveau élevé de la recherche fondamentale ; futurisme et non passéisme culturels, révolution dans les mœurs et affirmation de la liberté et de l'égalité des individus ; rejet des contrôles autoritaires et donc multiplication des initiatives créatrices dans tous les domaines, et plus particulièrement dans les domaines gratuits : art, manières de vivre, formes de sensibilité, diversité dans la coexistence de nombreuses subcultures complémentaires ou alternatives. » [15]

Pour Revel, l'individu va vers un libre choix de sa culture. Il expliquait ainsi que :

> « L'un des effets de la révolution mondiale doit être précisément d'affranchir l'individu de l'esclavage culturel à l'égard du groupe où le hasard l'a fait naître. Elle aboutira en fait à l'uniformisation planétaire de la société et à un polymorphisme culturel d'élection et d'invention à l'intérieur de la société. » [16]

Cette révolution fut caractérisée par la révision des valeurs morales. Les étudiants de l'époque (influencés par les freudo-marxistes, cf. chapitre suivant) abandonnent « la morale américaine du rendement pur, rejettent toute idée de contrainte intellectuelle dans la transmission enseignante, lancent la révolution sexuelle, inventent un style de vie dont tous les aspects (vêtement, drogue, musique, mépris de l'argent, promiscuité)

---

[15] *Ni Marx ni Jésus* de Jean-François Revel, Robert, Laffont, 1970, pp.201-202
[16] *Ibid.*, p.86

concourent à la destruction de la respectabilité, cet idéal de la classe moyenne ». [17]

La psychanalyse constitua ainsi l'un des piliers principaux de cette contre-culture, avec des fers de lance comme le psychanalyste et freudo-marxiste Erich Fromm.

Revel conclut son essai prémonitoire par ces mots :

> « Voilà qu'aujourd'hui se lève dans cette Amérique, fille de notre impéria-lisme, la révolution originale, celle de notre époque, la seule qui à la pre-mière contestation radicale, morale et pratique, du nationalisme, allie la culture, la puissance économique et technologique, l'affirmation enfin to-tale de la liberté pour tous, contre les interdits archaïques, trouvant la seule issue possible pour l'humanité actuelle : prendre la civilisation tech-nologique comme un moyen et non plus comme une fin, et ainsi, puisque nous ne pouvons être sauvés ni par sa suppression ni par sa con-tinuation, la contredire sans l'anéantir. » [18]

Plus de 40 ans après, force est de constater la justesse des anticipa-tions reveliennes. L'Amérique des années Reagan a été l'aboutissement de cette révolution, de cette mondialisation libérale. Comme l'explique en 2002 Jean-François Revel dans son essai *L'Obsession anti-américaine*, la « révolution conservatrice » de Ronald Reagan fut une révolution de l'économie, mais « en déréglementant l'économie, en la soustrayant au-tant que possible à la férule de l'État, en l'ouvrant, aussi, davantage, sur l'ensemble du monde, Reagan ne contrecarrait pas la contre-culture des années soixante et soixante-dix : il l'accomplissait au contraire. » [19] Jean-François Revel partage l'opinion de Gertrue Himmelfarb qui dans son livre, *One Nation, Two cultures*, écrit en 1999, montre « que la société amé-ricaine contemporaine constitue « une seule nation » mais « est composée de deux cultures ». Selon l'auteur, la contre-culture révolutionnaire des années soixante et soixante-dix (…) est devenue actuellement la culture dominante. Ce sont les tenants des valeurs morales traditionnelles qui représentent à leur tour, inversement, la culture minoritaire et dissi-dente. »

Certes les pourfendeurs du puritanisme américain affirmeront le con-traire. Mais c'est bien aux États-Unis que l'on trouve autant de liberté en matière de vie privée, autant d'ailleurs sur le plan des mœurs que sur le plan religieux.

---

[17] *Ibid.*, p.144
[18] *Ni Marx ni Jésus* de Jean-François Revel, Robert, Laffont, 1970, pp.263-264
[19] *L'Obsession anti-américaine* de Jean-François Revel, Plon, 2002, p.32

Contrairement aux théories d'Hayek sur la nécessité du maintien de valeurs intemporelles, le libéralisme économique a continué à prospérer en s'accompagnant d'une mutation des mœurs, donnant ainsi raison à Ludwig von Mises selon qui une société libre a pour trait caractéristique de permettre aux hommes de coopérer de la façon la plus optimale afin de satisfaire leurs besoins, et ce quels que soient leurs désaccords sur beaucoup de jugements de valeurs.

Psychanalyse en Grande-Bretagne

L'Angleterre a été également l'une des toutes premières terres de conquête de la psychanalyse.

Dès 1913, une association de psychanalystes (la Société britannique de Psychanalyse) fut constituée, notamment sous l'impulsion d'Ernest Jones, un des fidèles disciples de Freud.

Il est intéressant de noter que l'école anglaise de la psychanalyse, ou plutôt les écoles, ont été très prolifiques en termes de recherche et ont débouché sur des dissensions théoriques qui n'ont toutefois pas abouti à un éclatement de la Société britannique de Psychanalyse, contrairement à ce qui arriva en France (cf. chapitre 8). Nous retrouvons là sans doute l'impact du milieu culturel. L'art du compromis, le fait d'accepter différents points de vue, au fond le libéralisme de la société britannique, ont certainement été favorables à cette cohabitation de différentes approches.

Le pragmatisme et la tolérance facilitèrent ainsi la cohabitation au sein de la Société britannique de Psychanalyse entre les médecins et les non-médecins, ces derniers représentant dans les années 20 environ 40% de la population de la psychanalyse. [20] Jones s'avéra ainsi un excellent médiateur entre les Viennois et les Américains. Une charte fut même définie, reconnaissant « l'indépendance de la psychanalyse définie comme méthode freudienne, qui régla la pratique par les non-médecins, et admit la formation assurée par la Société britannique ». [21] La pratique anglaise fut donc tout à fait en ligne avec le souhait de Freud de ne pas voir la psychanalyse se limiter au champ médical.

En évitant la scission (notamment lors d'une période de crise en 1946), la Société britannique de Psychanalyse créa les conditions favorables à une émulation scientifique entre ses membres et au développe-

---

[20] *Histoire de la psychanalyse* sous la direction de Roland Jaccard, Hachette, 1982, pp.326-327
[21] *Ibid.*, p.328

ment de leur influence sur le plan international. Elle joua ainsi un rôle moteur au sein de l'Association Internationale de Psychanalyse.

À noter que la psychanalyse entra dans le champ public rapidement. Des psychanalystes furent ainsi utilisés au cours de la Seconde Guerre mondiale sur la sélection dans l'armée et l'action psychologique sur les troupes. « Le développement de la psychiatrie de guerre renforça l'influence de la psychanalyse et la reconversion à la vie civile s'accompagna d'une demande croissante de formation parmi les psychiatres. » [22]

La psychanalyse appliquée se développa elle aussi beaucoup et on assista à la mise en place d'institutions spécialisées, comme par exemple l'*Institute of Human Relations*, intégrant une branche de recherche psychosociale, une clinique pour adultes et enfants avec leurs parents.

Conclusion

Psychanalyse et liberté vont très bien ensemble.

L'Angleterre, berceau de la démocratie et du libéralisme, favorisa, comme les États-Unis, un développement spectaculaire et multiforme de la psychanalyse.

Un tour du monde plus complet montrerait que la psychanalyse s'est toujours bien développée dans les démocraties. Ce fut le cas notamment en France comme nous l'étudierons dans la troisième partie.

---

[22] *Ibid.*, p.348

DEUXIÈME PARTIE

POUR EN FINIR AVEC LE FREUDO-MARXISME

CHAPITRE 5

L'IMPASSE DU FREUDO-MARXISME

Si la première partie a permis de relever toutes les convergences entre le libéralisme et la psychanalyse, il est nécessaire de revenir sur le freudo-marxime, qui désigne la grande jonction établie entre la psychanalyse freudienne et le marxisme, c'est-à-dire l'articulation entre l'analyse freudienne des processus psychiques et l'analyse marxiste des processus sociaux, pour en souligner toutes les contradictions.

Je n'aborderai pas ici en détail les travaux des freudo-marxistes sur la thématique de la libido ni leur contribution décisive en matière de libéralisation sexuelle, phénomène d'ailleurs compatible avec la liberté politique et économique comme l'a montré Revel. Mon propos se limite à cerner les contradictions dans les tentatives de rapprochement entre les théories marxiste et psychanalytique.

La naissance de la psychanalyse eut lieu à l'époque même de l'avènement du marxisme avec sa mise en œuvre en URSS. Dans ce contexte, il fut très tentant de rapprocher les deux doctrines... tout simplement parce qu'elles avaient comme point commun d'être « révolutionnaires », d'où une collusion qui s'installa dès les années 20 pour perdurer, et tout particulièrement en France où de nombreux intellectuels cherchèrent à s'appuyer sur ces deux approches pour développer leurs théories freudo-marxistes (cf. chapitre 8).

Quelques mots et citations tout d'abord sur les principaux freudo-marxistes pour montrer qu'ils s'inscrivent clairement dans l'histoire de la psychanalyse puisqu'ils ont été à la fois des psychanalystes purs et durs, attachés à Freud, intensifiant les recherches sur la sexualité mais aussi des marxistes convaincus.

Wilhelm Reich

Wilhelm Reich est l'une des figures de proue du freudo-marxisme.

Reich va chercher à conjuguer les théories marxistes sur la révolution sociale avec celles de Freud sur la sexualité. Né en 1897 dans une famille juive assimilée de Galicie, il mène des études de médecine à Vienne et devient psychanalyste. Dès 1924, il essaie de mettre en évidence les origines sociales des maladies mentales. Déçu par les socio-démocrates autrichiens, il s'inscrit au Parti Communiste, poursuit ses recherches et publie en 1928 un véritable manifeste freudo-marxiste « Matérialisme, dialectique et psychanalyse » dans une revue moscovite *Sous la bannière du marxisme.* [1] Au début des années 30 on le retrouve à Berlin où il fonde, entre autres, l'Association pour une politique sexuelle prolétarienne qui essaie d'assimiler lutte sexuelle des travailleurs et lutte des classes. Mais les communistes allemands commencent à s'inquiéter de ses théories... La mise en exergue d'une sexualité libre pourrait calmer les ardeurs révolutionnaires des prolétaires... Aussi Reich est exclu du PC allemand en 1933 (au moment de la prise de pouvoir par Hitler). Il quitte l'Allemagne et passe par le Danemark et la Norvège avant de rejoindre les États-Unis où il termine interné dans un pénitencier. Il est vrai que ses travaux tournent au délire avec l'invention d'une machine « à accumulateurs d'orgone » destinée à mesurer l'énergie sexuelle.

L'influence de Reich aura été loin d'être négligeable. D'une part en raison de ses réflexions sur les phénomènes de masse, d'autre part pour ses recherches sur la sexualité avec ses ouvrages *La Révolution sexuelle* et *La Fonction de l'orgasme.* « En sapant la morale sexuelle, pensait Reich, on attaque les bases de la famille bourgeoise, ce qui permet aux jeunes gens de se plier moins docilement à l'autorité patriarcale ». [2] On retrouvera cette influence, en France en mai 68 ou aux États-Unis dans les années 60 et 70.

Erich Fromm

Un autre freudo-marxiste célèbre est le psychanalyste et philosophe d'origine allemande Erich Fromm (1900-1980). Fromm considérait la révolution de l'amour comme l'unique alternative à la destruction de l'humanité et aspirait à l'avènement d'un « homme nouveau » et d'une « société nouvelle ».

Il est évidemment en opposition totale avec les libéraux pour qui la propriété est une valeur fondamentale en cherchant à montrer dans son ouvrage intitulé *Avoir ou être : un choix dont dépend l'avenir de l'homme* que la passion de l'avoir peut nous conduire au désastre.

Fromm reprend à son compte le « rapport symbolique freudien qui existe entre l'argent le les fèces — l'or et les immondices » et considère que « la personne exclusivement concernée par l'avoir et la possession est

---

[1] *Histoire de la psychanalyse en France*, Tome 2 d'Élisabeth Roudinesco, Fayard, 1994, pp.58 et suivantes
[2] *Histoire de la psychanalyse* sous la direction de Roland Jaccard, Hachette, 1982, p.131

une névrosée, une malade mentale ; il s'ensuit qu'une société dont la majorité des membres a un caractère anal est une société malade ». [3]

Alors d'après lui, l'homme nouveau devra renoncer « à toutes les formes du mode de l'avoir, afin d'être pleinement ». [4] La société nouvelle combinera « une planification globale avec un haut degré de décentralisation » et abandonnera « l'économie du libre-échange ». [5]

Essayons d'établir les raisons à l'origine de cette tentative de fusion de l'idéologie communiste et de la découverte freudienne, qu'on retrouve chez les freudo-marxistes mais aussi chez de nombreux psychanalystes d'obédience marxiste.

Première convergence supposée entre le marxisme et la psychanalyse : leur caractère révolutionnaire

Cette convergence est soutenue tout particulièrement par le philosophe français marxiste Louis Althusser (1918-1990) dans un texte célèbre *Sur Marx et Freud*, datant de 1976, où il recherche ce qui rapproche Marx et Freud. Selon lui, le phénomène commun le plus « étonnant » entre la théorie marxiste et la théorie freudienne est leur « caractère conflictuel »[6], par leur puissance de contestation et de lutte face aux idées établies.

Élisabeth Roudinesco, historienne de la psychanalyse, ancienne membre du Parti communiste, et qui a été proche d'Althusser, continue d'établir ce parallèle révolutionnaire. Elle affirme ainsi : « Autant je suis certaine qu'il faut faire vivre l'esprit de la Révolution, ou le désir de révolution, au-delà de l'échec du communisme, autant je m'interroge sur la manière de faire vivre l'esprit d'une subversion freudienne, précisément parce que la psychanalyse, en tant que cure et pratique thérapeutique, n'a pas échoué au même titre que le communisme. » [7]

Seconde convergence supposée entre le marxisme et la psychanalyse : le matérialisme

La thèse fondamentale de Marx est le matérialisme historique, selon lequel « ce n'est pas la conscience des hommes qui détermine leur exis-

---

[3] *Avoir ou être. Un choix dont dépend l'avenir de l'homme* d'Erich Fromm, 1976, Marabout, p.104
[4] *Ibid.*, p.197
[5] *Ibid.*, p.201
[6] *Écrits sur la psychanalyse* de Louis Althusser, Stock, Imec, 1993, p.225
[7] *De quoi demain… Dialogue de Jacques Derrida et Élisabeth Roudinesco*, 2001, Champs, Flammarion, p.284

tence, c'est leur existence sociale qui détermine leur conscience. »[8] Les hommes dépendent des conditions de l'environnement où ils vivent et des conditions matérielles dont ils disposent.

Cette thèse découle de la célèbre « thèse sur Feuerbach » selon laquelle : « Ce n'est pas la conscience qui détermine la vie, mais la vie qui détermine la conscience ». Feuerbach était un philosophe allemand du XIXe siècle (1804-1872), disciple de Hegel.

Or Feuerbach fut le philosophe le plus admiré par le jeune Freud.[9] Ce qui renforce la thèse de la convergence, minorée toutefois par le fait que Freud lui-même minimisa plus tard ce qu'il devait à Feuerbach, indiquant : « Dans mes jeunes années, j'ai lu avec plaisir et enthousiasme (…) Feuerbach. Il ne me semble pas, cependant, qu'il y ait eu une influence durable. »[10]

Or la psychanalyse pourrait se définir par une formule similaire si nous disions : ce n'est pas la conscience des hommes qui détermine leur existence, c'est leur inconscient lui-même, à savoir leurs refoulements qui se sont vu refuser l'accès au système conscient sous l'influence de leur histoire familiale...

C'est en raison de ce matérialisme supposé que Trotski fut un sympathisant des psychanalystes.[11] Lors de son exil à Vienne avant la guerre de 1914, il avait en effet lu et probablement rencontré Freud. « La psychanalyse, écrit-il, me paraît extrêmement séduisante, quoique bien des choses dans ce domaine restent encore flottantes et fragiles ».[12]

D'après Élisabeth Roudinesco[13], Trotski soutint que la psychanalyse est compatible avec le marxisme. D'après l'historienne, « Comme la plupart des marxistes de son époque, Trotski est aveuglé par la représentation qu'il se fait du matérialisme dans le domaine de la psychologie » et ajoute que « c'est parce que sa conception du matérialisme repose sur l'idée qu'il existerait une science unique du cerveau ayant à charge de rendre compte de l'unicité du corps et de l'esprit » qu'il s'intéresse à la compatibilité possible entre le marxisme et la psychanalyse.

---

[8] Préface à la *Critique de l'économie politique* de Karl Marx, 1859, La Pléiade, 1965, pp.29-30
[9] *Lettres de jeunesse* de Sigmund Freud, Lettre à Eduard Silberstein de mars 1875, Gallimard, 1990, p.138
[10] *Lettres de jeunesse* de Sigmund Freud, d'après Walter Boehlich dans son introduction, Gallimard, 1990, p.30
[11] *Histoires secrètes de la psychanalyse* de Gérard Badou, Albin Michel, 1997, p.154
[12] Cité dans *Histoires secrètes de la psychanalyse* de Gérard Badou, Albin Michel, 1997, p.154
[13] in *Histoire de la psychanalyse en France*, Tome 2, d'Élisabeth Roudinesco, Fayard, 1994, p.53

Ludwig von Mises est probablement le premier penseur à avoir compris que la psychanalyse était incompatible avec le matérialisme marxiste et l'un des rares libéraux à ne pas passer à côté de l'invention freudienne et à expliciter l'incompatibilité entre psychanalyse et matérialisme.

Contemporain de Freud, il a parfaitement relevé la modestie de Freud dans le domaine de la philosophie. Il écrit ainsi dans *Théorie et Histoire* :

> « Freud était un homme modeste. Il n'avait pas de prétentions extravagantes concernant l'importance de ses contributions. Il était très prudent en abordant les problèmes de la philosophie et les branches de la connaissance qu'il n'avait pas lui-même contribué à développer. Il ne s'aventurait pas à attaquer la moindre proposition métaphysique du matérialisme. Il alla même jusqu'à admettre qu'un jour la science pourrait réussir à donner une explication purement physiologique des phénomènes étudiés par la psychanalyse. Mais tant que cela ne se serait pas produit, la psychanalyse lui apparaissait saine sur le plan scientifique et indispensable sur le plan pratique. Il était tout aussi prudent quant à la critique du matérialisme marxiste. Il confessait librement son incompétence dans ce domaine. Mais tout ceci ne change rien au fait que l'approche psychanalytique est fondamentalement et très largement incompatible avec l'épistémologie du matérialisme. »[14]

Citons aussi ce large extrait de son ouvrage publié en 1957 : *Théorie et Histoire. Une interprétation de l'évolution économique et sociale* :

> « On mesure jusqu'à quel point les gens se sont totalement mépris sur le matérialisme marxiste en observant la pratique habituelle consistant à mettre dans le même sac le marxisme et la psychanalyse freudienne. On ne peut en réalité pas imaginer de différence plus nette qu'entre ces deux doctrines. Le matérialisme veut réduire les phénomènes mentaux à des causes matérielles. La psychanalyse, au contraire, traite des phénomènes mentaux comme d'un champ autonome. Alors que la psychiatrie traditionnelle et la neurologie essaient d'expliquer toutes les conditions pathologiques dont elles s'occupent comme causées par des conditions pathologiques déterminées de certains organes du corps, la psychanalyse a réussi à démontrer que certains états anormaux du corps sont parfois produits par des facteurs mentaux. Cette découverte fut celle de Charcot et de Joseph Breuer et ce fut le haut fait de Sigmund Freud que d'avoir construit sur cette base une discipline systématique complète. La psychanalyse est à l'opposé de toutes les variantes du matérialisme. (…) »

---

[14] *Théorie et Histoire* de Ludwig von Mises, 1957, traduit par Hervé de Quengo

Mises détaille les apports thérapeutiques de la psychanalyse en écrivant :

> « La psychanalyse souligne le rôle que la libido, la pulsion sexuelle, joue dans la vie humaine. Ce rôle avait été négligé auparavant par la psychologie ainsi que par toutes les autres branches de la connaissance. La psychanalyse explique aussi les raisons de cette négligence. Mais elle n'affirme en aucun cas que le sexe serait le seul désir humain cherchant la satisfaction ni que tous les autres phénomènes psychiques en découlent. Son intérêt pour les pulsions sexuelles vient du fait qu'elle a commencé comme méthode thérapeutique et que la plupart des situations pathologiques qu'elle avait à traiter étaient causées par le refoulement de désirs sexuels. »

Troisième convergence supposée : la liberté. La psychanalyse rejoindrait le marxisme qui vise à libérer l'homme

En effet le marxisme vise à libérer le prolétariat de l'emprise de la bourgeoisie, à libérer le prolétariat de l'exploitation de l'homme par l'homme, de l'aliénation due à la pénibilité du travail et à la dépendance aux machines, à permettre à chaque ouvrier de ne plus être un esclave qui vend sa force de travail au capitalisme.

Après la prise du pouvoir par le prolétariat, l'abolition de la propriété privée, l'égalité de tous, la nationalisation de tous les moyens de production permettent d'accéder à une liberté collective.

Mais est-on proche de la psychanalyse, « censée apporter une libération individuelle »[15] quand la notion d'individu disparaît totalement au profit du peuple ?

Quatrième convergence supposée : la critique du capitalisme et de l'argent

Certains tentèrent de trouver dans l'œuvre de Freud une critique du capitalisme, en s'appuyant par exemple sur sa sentence « l'or pue » et sur la mise en évidence de « l'équivalence symbolique fèces = cadeau = argent ». [16]

---

[15] *Freud Apolitique ?* de Gérard Pommier, Flammarion, 1998, p.211
[16] Voir définition du stade sadique-anal in *Vocabulaire de la psychanalyse* de J. Laplanche et J.B. Pontalis, PUF, Quadrige, 1997, p.461

Le psychanalyste hongrois Ferenczi, par exemple, montre comment on s'élève de l'érotisme anal à l'accumulation de richesse et partant de là au capitalisme.

De tels propos ne pouvaient que séduire les marxistes qui luttent contre le capitalisme et le pouvoir de l'argent.

Cependant, certains psychanalystes se détournent désormais de cette théorie. Ainsi le psychanalyste français Serge Viderman explique que « la relation mise à jour par le psychanalyste entre les fixations anales précoces d'une part et l'argent m'apparaît décevante »[17] parce qu'il s'aperçoit que l'analité de la petite enfance est « noyée dans le passé le plus lointain, si loin, si oublié et minuscule qu'il en semble dérisoire par rapport à ce qui va lui succéder. (...) C'est à cette origine si invisible qu'il a fallu la singulière sagacité de l'œil psychanalytique pour la surprendre, que nous devrions la totalité des techniques qui multiplient jusqu'au vertige la manufacturation de tous les objets pris dans le tourbillon incessant des échanges qui constituent notre civilisation marchande. »[18]

Cinquième convergence supposée : Freud partageait les idéaux d'égalité et de justice sociale, chers à la gauche

Les notions d'égalité et de justice sociale sont au cœur des combats de la gauche. À cet égard, les positions freudiennes se situent dans cette lignée. Ainsi Freud comprend le besoin de justice sociale et explique :

> « Celui qui, dans sa propre jeunesse, a goûté à la misère de la pauvreté, a connu l'indifférence et la superbe des possédants, devrait être à l'abri du soupçon de manquer de compréhension et de bienveillance pour les efforts déployés en vue de combattre l'inégalité de fortune chez les hommes et ce qui en découle. À vrai dire, si ce combat veut en appeler à l'exigence abstraite, fondée sur la justice, d'égalité de tous les hommes, on est tenté d'objecter qu'en dotant le corps et en gratifiant l'esprit de chaque individu de façon suprêmement inégale, la nature a instauré des injustices contre lesquelles il n'y a aucun recours. »[19]

Autrement dit Freud, qui a connu la pauvreté, comprend celui qui en souffre tout en étant réaliste et convaincu que l'inégalité est dans la nature.

---

[17] *De l'argent en psychanalyse et au-delà* de Serge Viderman, PUF, 1992, p.48
[18] *Ibid.*, p.47
[19] *Le Malaise dans la culture* (1930) (*Œuvres complètes*, PUF, 1994, volume XVIII, p.299)

D'après Ernest Jones[20], Freud dans *Psychanalyse des masses et analyse du moi* (1921) arrive à la conclusion que :

> « le facteur émotionnel qui joue pour les groupes, doit, en définitive, être de même nature que celui relatif à la famille — cette première formation du groupe — à savoir une libido inhibée dans ses buts. (…) Il considère depuis longtemps l'angoisse sociale — c'est à dire la peur de l'opinion publique — comme l'essence de la conscience, il soutient que l'exigence de l'égalité (ce trait caractéristique de notre après-guerre) est à la racine de notre conscience sociale et de notre sens du devoir. La passion pour la justice sociale, qui est généralement associée à une exigence d'égalité et de traitement identique, naît d'une réaction à l'envie, et c'est pendant l'enfance, dans l'attitude d'un enfant vis-à-vis de ses frères et sœurs lorsqu'il s'agit de l'amour parental, qu'on peut clairement en observer les débuts. »

Pour autant, Freud ne croit pas à la suppression de la propriété individuelle pour atteindre l'idéal de justice sociale. Si l'on considère les rapports de Freud lui-même avec la notion de propriété, on peut certes constater son profond désintéressement souligné par Ernest Jones[21] :

> « aucun matérialisme n'entachait ses projets. Il choisit une profession idéale, sans tenir compte des facteurs de la pauvreté ou de la richesse, sans rechercher le bien-être ».

Et on peut faire l'hypothèse que cette position personnelle ne l'incita pas à s'intéresser en profondeur au concept de propriété privée.

Mais si Freud jugea théoriquement intéressant le concept de suppression de la propriété privée puisqu'il admet que la propriété constitue une des sources de l'agressivité et de la pulsion de mort, il resta néanmoins très circonspect sur sa mise en pratique, qu'il jugea illusoire, considérant que l'agressivité chez l'homme existait avant même la création de la notion de propriété :

> « La critique économique du système communiste n'est nullement mon affaire, je ne puis examiner si l'abolition de la propriété privée est opportune et avantageuse. Mais je suis en mesure de reconnaître en son présupposé psychologique une illusion sans consistance. En supprimant la propriété, on soustrait au plaisir-désir d'agression humain l'un des outils, assurément un outil solide, mais assurément pas le plus solide. Pour ce qui est des différences de puissance et d'influence, dont

---

[20] In *La Vie et l'œuvre de Sigmund Freud* (1957), Tome 3, Les dernières années, PUF, 1969, p.384
[21] *Ibid.*, p.32

l'agression fait un usage abusif dans ses visées, on n'y a rien changé, pas plus qu'à l'essence de cette agression. Elle n'a pas été créée par la propriété, elle régnait presque sans restriction dans les temps originaires, lorsque la propriété était encore bien peu de chose (…). » [22]

De plus, Freud jugea que ceux qui sont pour la suppression de la propriété faisaient preuve d'idéalisme et de méconnaissance de la nature humaine :

« Il me paraît, à moi aussi, indubitable qu'une réelle modification dans les relations des hommes à la possession des biens sera ici d'un plus grand secours que tout commandement éthique ; mais cette clair-voyance de la part des socialistes est troublée par une nouvelle mé-connaissance idéaliste de la nature humaine et rendue sans valeur au niveau de l'exécution. » [23]

Sixième convergence : Freud l'anti-américain

Freud anti-américain ? La belle affaire ! L'anti-américanisme est une des caractéristiques de la gauche marxisante et plus généralement des opposants au libéralisme, qu'ils soient de droite ou de gauche d'ailleurs. Or toute sa vie[24], Freud se méfia de l'esprit pragmatique et puritain des États-Unis qui accueillèrent pourtant ses idées avec un enthousiasme déconcertant.

En parlant d'introduire la « peste » aux États-Unis (en parlant de la psychanalyse) Freud apporta certainement de l'eau au moulin des marxisants qui n'auraient pas renié une telle formule (dont on n'est d'ailleurs pas certain qu'elle fut vraiment prononcée par le père de la psychanalyse).

En fait si Freud se méfia des Américains, c'est sans doute parce que ce pays fut très réceptif aux théories psychanalytiques et s'en empara pour en faire une pratique thérapeutique. Freud expliqua lui-même qu'il fut enthousiasmé par l'accueil de ses pairs américains mais trouva que la psychanalyse était « édulcorée »[25] sur la terre américaine. Freud fut aussi peut-être jaloux du succès de ses adeptes américains alors que le dé-marrage en Europe fut plus difficile. De plus, d'après Roland Jaccard[26] : « pour des raisons financières, Freud passe ses dernières années à

---

[22] *Le Malaise dans la civilisation* (1930) (Œuvres complètes, PUF, 1994, volume XVIII, pp.299-300)
[23] *Ibid.*, p.331
[24] In *Dictionnaire de la Psychanalyse* de C. Roudinesco et Michel Plon, Fayard, 1997
[25] *Sigmund Freud présenté par lui-même* (1925), Folio Essais, 1984, p.89
[26] *Histoire de la psychanalyse* sous la direction de Roland Jaccard, Hachette, 1982, p.245

former des analystes américains ; il les tenait en général en piètre estime, sa haine de la dépendance n'était certainement pas étrangère à son jugement. Il en vint à adopter le point de vue cynique selon lequel la seule fonction des États-Unis était de fournir de l'argent pour entretenir la culture européenne. "L'Amérique, plaisanta un jour Freud, est une erreur ; une erreur gigantesque, il est vrai, mais néanmoins une erreur". »

Septième convergence : Freud contre la religion ?

L'économiste Ludwig von Mises l'a sans doute affirmé le premier : « La raison pour laquelle certains auteurs ont associé la psychanalyse et le marxisme était que l'on considérait les deux comme opposés aux idées théologiques (…) ». [27]

En effet, les marxistes furent tentés de s'approprier la psychanalyse compte tenu de leur convergence de vue vis-à-vis de la théologie. Mais est-elle réelle ?

Nous connaissons tous la fameuse formule de Marx « La religion est l'opium du peuple ». Pour Marx, la religion, symptôme d'une aliénation profonde, est une drogue dure qui rend l'oppression supportable.

Pour Freud, la religion est plus une illusion, illusion qu'il cherche à comprendre tout en étant très précautionneux.

Fort des apports considérables de la psychanalyse, Freud essaya de comprendre l'histoire de notre civilisation et son avenir, à travers le prisme de sa discipline. Il est vrai que l'époque à laquelle vécut Freud, marquée par la Première Guerre mondiale, la révolution en Russie et la montée du nazisme incitait tout intellectuel à la réflexion pour essayer de comprendre cette période dramatique de l'histoire.

Après tout, il est naturel qu'un intellectuel comme Freud ait cherché à sortir du champ de la psychanalyse. Comme le souligne Ernest Jones, « dans la mesure où elle signifie une plus profonde compréhension de la nature humaine, des mobiles et des émotions de l'humanité, il est inévitable que la psychanalyse ait les moyens de fournir de précieuses et souvent cruciales contributions dans tous les domaines relatifs au psychisme humain, et que des recherches ultérieures accroissent la valeur de ces contributions dans une mesure qu'il n'est pas facile de définir. Pour n'en mentionner que quelques-unes : l'étude de l'anthropologie, de la mythologie et du folklore ; l'évolution historique de l'humanité

---

[27] *Théorie et Histoire* de Ludwig Von Mises, 1957, traduit par Hervé de Quengo

avec les divers chemins qu'elle a suivis ; la formation et l'éducation des enfants ; la signification des entreprises d'ordre artistique ; le vaste domaine de la sociologie avec une évaluation plus aiguë des diverses institutions tels le mariage, la loi, la religion, et peut-être même le gouvernement ; peut-être encore l'apparemment insoluble problème des relations internationales. »[28]

Voici comment Freud lui-même justifie ses incartades :

> « Après le détour qui m'avait pris toute une vie, par les sciences de la nature, la médecine et la psychothérapie, mon intérêt était revenu aux problèmes culturels qui avaient jadis captivé le jeune homme qui s'éveillait à peine à la pensée. Déjà en pleine apogée de mon travail analytique, en 1912, j'avais essayé dans *Totem et Tabou* d'exploiter les aperçus analytiques nouvellement acquis pour explorer les origines de la religion et de la morale. Deux essais plus tardifs, *L'Avenir d'une illusion* en 1927, et *Le Malaise dans la civilisation* en 1930, s'inscrivirent dans cette même direction. Je m'apercevais de plus en plus clairement que les événements de l'histoire de l'humanité, les effets réciproques entre nature humaine, évolution culturelle et les retombées de ces expériences originales dont la religion se pose comme le représentant privilégié, ne sont que le reflet des conflits dynamiques entre moi, ça et surmoi, que la psychanalyse étudie chez l'individu les mêmes processus, repris sur une scène plus vaste. Dans *l'Avenir d'une Illusion*, j'avais donné de la religion une appréciation essentiellement négative, je trouvai plus tard une formule qui lui rend mieux justice : son pouvoir reposerait certes sur sa teneur de vérité, cependant cette vérité ne serait pas d'ordre matériel, mais historique. »[29]

Si nous revenons aux textes de Freud où celui-ci essaie de trouver un sens à la civilisation, nous pouvons observer une grande modestie. Freud n'affirme aucune vérité. Au fond, il réagit avec bien plus d'humilité que les « experts psy » que nous entendons régulièrement sur les ondes et qui sont joliment décrits par la phrase humoristique du psychanalyste Jean-Claude Lavie : « La psychanalyse, c'est un champ très étroit. « Alors vous, qui êtes musicien, qu'est-ce que vous pensez du dernier congrès des psychanalystes de Bordeaux ? — À dire vrai, cela ne m'intéresse pas ! » Mais vous dites à un psychanalyste : « Vous qui êtes un psychanalyste, qu'est-ce que vous pensez du congrès de la musique ? » Alors là, l'interpellé va parler. Être psychanalyste, ça don-

---

[28] *La Vie et l'œuvre de Sigmund Freud*, Tome 3, Les dernières années, PUF, 1969, p.327
[29] *Sigmund Freud présenté par lui-même* (1925), Folio Essais, 1984, pp.123-124

nerait le savoir sur toute chose. Sur la guerre, sur la paix, sur le cinéma, sur tout ! » [30]

Par exemple, Freud introduit avec beaucoup de prudence son essai sur la religion *L'Avenir d'une illusion* : « Avant tout, du fait qu'il n'y a que peu de personnes capables d'embrasser du regard l'agitation humaine dans tous ses prolongements. Pour la plupart, il est devenu nécessaire de se limiter à un petit nombre de domaines ou à un seul. (…) La conséquence en est pour moi que, fuyant en toute hâte cette tâche trop vaste, je regagnerai sans plus tarder le petit secteur qui, d'ailleurs, a été l'objet de mon attention jusqu'à présent, après m'être contenté de déterminer sa place dans le vaste ensemble ». [31]

Par ailleurs, il veille à dissocier clairement la psychanalyse de ses positions politiques. Il refuse ainsi un « déplacement » de sa personne sur la psychanalyse (autrement dit une confusion). Il souligne par exemple que ses collaborateurs sont nombreux à ne pas partager sa position à l'égard des problèmes religieux et n'interdit pas à ceux qui ne pensent pas comme lui d'utiliser sa propre discipline : « les défenseurs de la religion auront le même droit à se servir de la psychanalyse (…) ». [32]

Freud dresse le bilan des religions en essayant d'en retenir à la fois les aspects positifs et négatifs : « la religion a manifestement rendu de grands services à la culture humaine, elle a beaucoup contribué à dompter les pulsions asociales, mais pas suffisamment. Elle a, durant de nombreux millénaires, dominé la société humaine ; elle avait le temps de montrer ce qu'elle est capable de faire. Si elle avait réussi à rendre heureux la majorité des hommes, à les réconforter, à les réconcilier avec la vie (…), il ne viendrait à l'idée à personne d'aspirer à une modification de l'état des choses existant. Au lieu de cela, que voyons-nous ? Qu'un nombre effrayant d'hommes sont mécontents de la culture et s'y trouvent malheureux. » [33]

Ce qui intéresse tout d'abord Freud dans la religion, c'est sa psychogénèse. Freud considère en effet qu'il est possible de traiter les religions comme « une affaire humaine ». Il analyse ainsi les religions en faisant le lien avec les névroses qui apporte une réponse de même type, l'une collective, l'autre individuelle : « L'homme de croyance et de piété est éminemment protégé contre le danger de certaines affections névrotiques : l'adoption de la névrose universelle le dispense de la tâche de former une

---

[30] Entretiens avec Patrick Froté in *Cent ans après*, Gallimard, 1998, p.67
[31] *L'Avenir d'une illusion* de Sigmund Freud 1927, Ed PUF Quadrige, 1995, pp.5-6
[32] *Ibid.*, pp.37-38
[33] *Ibid.*, p.38

névrose personnelle ». [34] Et il précise : « Si l'on tente d'assigner à la religion sa place dans l'évolution de l'homme, elle n'apparaît pas tant comme une acquisition durable que comme un parallèle avec la névrose que doit traverser tout individu civilisé pour aller de l'enfance à la maturité ». [35]

Il attaque avec force les présuppositions de la religion à s'occuper d'une sphère de vérité différente, sphère que la science n'aurait pas le droit d'explorer et il insiste sur le fait que « les croyances religieuses peuvent tout aussi légitimement être soumises à l'investigation psychologique que tout autre phénomène mental. » [36] Le rapport « père-fils », le complexe paternel, l'impuissance du tout jeune enfant expliquent selon lui le besoin de religion. « La raison dernière du besoin de religion m'a frappé comme étant le désemparement infantile, tellement plus grand chez l'homme que chez les animaux. À partir de ce moment il ne peut se représenter le monde sans parents, et s'octroie un Dieu juste et une nature bonne. » [37]

Mais en même temps la religion développe un « interdit de penser » qui « ne demande qu'à s'étendre à l'ensemble des activités humaines jusqu'à devenir la cause « d'inhibitions graves dans le comportement d'un individu face à la vie ». [38] Autrement dit, si les religions sont utiles pour imposer des règles comme « Tu ne tueras pas ton prochain », elles éloignent en même temps les hommes de la vérité. « Le cas est analogue à celui où nous nous trouvons quand nous racontons à un enfant que c'est la cigogne qui apporte les nouveau-nés. Là aussi, nous disons la vérité sous un déguisement symbolique, car nous savons ce que signifie le grand oiseau. Mais l'enfant, lui, ne le sait pas, il ne tire de ce qu'il entend que la part de déformation, se considère comme trompé, et nous savons combien il est fréquent que sa méfiance envers les adultes et son insubordination se rattachent justement à cette impression. » [39]

Alors Freud rêve d'une pédagogie non religieuse car la religion étant comparable à une névrose d'enfance, il est permis « d'être suffisamment optimiste pour supposer que l'humanité surmontera cette phase névro-

---

[34] *Ibid.*, p.45

[35] cité par E. Jones dans *La Vie et l'œuvre de Sigmund Freud*, Tome 3, Les dernières années, PUF, 1969, p.407

[36] *Ibid.*

[37] Cité dans *L'Avenir d'une illusion* de Sigmund Freud, 1927, Ed PUF Quadrige, 1995, préface, p.VII

[38] Ibid., p.XII

[39] *L'Avenir d'une illusion* de Sigmund Freud, 1927, Ed PUF Quadrige, 1995, p.46

tique, comme tant d'enfants dépassent, en grandissant, leur névrose qui est similaire. » [40]

Au fond, pour Freud, il existe deux alternatives. Soit « tenir dans la plus stricte sujétion ces masses dangereuses, leur barrer avec le plus grand soin l'accès à toutes les occasions d'éveil de l'esprit, ou bien réviser fondamentalement la relation entre culture et religion. » [41]

Dans cette seconde alternative, Freud ne rejette pas toute forme d'interdits, de commandements et de lois dans la civilisation. Mais il craint que de donner l'illusion que Dieu est à l'origine de ces règles de conduite peut entraîner des conséquences terribles le jour où les hommes qui ont cette illusion cessent de croire en Dieu. « Comme c'est une tâche délicate de faire le départ entre ce que Dieu a lui-même exigé et ce qui dérive plutôt de l'autorité d'un parlement ayant tout pouvoir ou d'une haute magistrature, il y aurait un indubitable avantage à laisser Dieu tout à fait hors du jeu et à admettre honnêtement l'origine purement humaine de tous les dispositifs et prescriptions culturels. En même temps que le caractère sacré revendiqué par les commandements et lois, tomberaient aussi leur rigidité et leur immutabilité. Les hommes pourraient comprendre que ceux-ci sont créés non pas tant pour les dominer que bien plutôt pour servir leurs intérêts, ils établiraient avec eux un rapport plus amical, se fixeraient pour but, au lieu de les abolir, de seulement les améliorer. » [42]

Encore une fois, Freud reste modeste et admet que « c'est certainement une entreprise insensée que de vouloir supprimer de force et d'un seul coup la religion » mais il exprime ainsi son espérance et son concept « d'éducation de la réalité »[43] :

> « Il y a peut-être un trésor à déterrer, susceptible d'enrichir la culture, que cela vaut la peine de faire la tentative d'une éducation irréligieuse. Si elle s'avère insatisfaisante, je suis prêt à abandonner la réforme et à revenir au jugement antérieur, purement descriptif : l'homme est un être à l'intelligence faible, qui est dominé par ses souhaits pulsionnels. » [44]

Ainsi Freud aspire à une civilisation où l'homme prendrait en charge la définition des règles de conduite nécessaires à la paix d'une civilisation, sans le poids du sacré, sans le risque de dérive vers l'intégrisme.

---

[40] *Ibid.*, p.54
[41] *Ibid.*, p.40
[42] *Ibid.*, p.42
[43] *Ibid.*, p.50
[44] *Ibid.*, p.49

Et ses questionnements et réticences sur les religions s'appliquent autant aux religions monothéistes qu'aux croyances collectives comme le communisme. Ce que n'ont pas intégré les freudo-marxistes.

Cette vision est exprimée dans la citation suivante de Freud : « Si une autre liaison de masse vient à la place de la liaison religieuse, comme la liaison socialiste semble actuellement y réussir, il en résultera envers ceux qui sont en dehors la même intolérance qu'à l'âge des luttes de religion. » [45] Par ces propos écrit en 1921, on constate que Freud va presque aussi loin dans la prémonition critique que Gustave Le Bon qui écrivit 26 ans plus tôt : « L'évidente faiblesse des croyances socialistes actuelles ne les empêchera pas de s'implanter dans l'âme des foules. Leur véritable infériorité par rapport à toutes les croyances religieuses tient uniquement à ceci : l'idéal de ces dernières ne devant être réalisé que dans une vie future, personne ne pouvait contester cette réalisation. L'idéal de bonheur socialiste devant se réaliser sur terre, la vanité des promesses apparaîtra dès les premières tentatives de réalisation, et la croyance nouvelle perdra du coup tout prestige. » [46]

Paroles ô combien prophétiques qui n'ont sans doute pas échappé à Freud et qui ont été démontrées 94 ans plus tard avec la chute du Mur de Berlin…

Conclusion

Au final, il est difficile de trouver des jonctions entre Freud et le marxisme.

Même des psychanalystes sans doute marxistes dans leur jeunesse, remettent désormais en cause la validité du freudo-marxisme.

C'est par exemple le cas du psychanalyste de formation lacanienne Gérard Pommier qui dans son essai *Freud apolitique* explique qu'il a « échoué dans sa tentative de faire cohabiter les deux hérissons les plus ébouriffants de son adolescence, Marx et Freud »[47] et intitule l'un de ses chapitres « l'impasse du freudo-marxisme ». [48] Il y explique en particulier qu'il n'y a aucun rapport entre le refoulement psychanalytique et la répression sociale comme aurait voulu le démontrer les tenants du freudo-marxisme. Pour lui, « le pouvoir politique n'a aucunement parti liée avec

---

[45] *Psychologie des masses et analyse du moi* (1921), Œuvres complètes, PUF, 1991, volume XVI, pp.37-38)
[46] *Psychologie des foules* (1895), PUF Quadrige,, 1998, p.86
[47] *Freud apolitique* de Gérard Pommier, Flammarion, 1998, p.7
[48] *Ibid.*, pp.209-213

le refoulement » qui n'est ni l'effet d'une « coercition sociale localisable » ni forcément l'effet d'un « interdit » familial. « Un refoulement peut s'obtenir ici et maintenant, indépendamment de ce qui se passe dans la société ».

Le philosophe Louis Althusser qui insista lourdement sur le « *quelque chose de commun entre Marx et Freud* »[49] butta pourtant sur une différence cruciale entre les deux penseurs : l'individu ! « Ce qu'il (Freud) avait découvert ne portait nullement sur la « société » ou les « rapports sociaux » mais sur des phénomènes très particuliers affectant des *individus*. Bien qu'on ait pu soutenir qu'il y a dans l'inconscient un élément « transindividuel, c'est de toute façon *dans l'individu* que se manifestent les effets d'inconscient, et c'est *sur l'individu* que la cure opère, même si elle requiert la présence d'un autre individu (l'analyste) pour transformer les effets d'inconscient existants. Cette différence suffit à distinguer Freud et Marx. »[50]

Bref, Althusser reconnaît explicitement que l'approche freudienne est centrée sur l'individu, autrement dit, s'inscrit dans une démarche propre aux penseurs libéraux… et reconnaît de facto l'impasse freudo-marxiste.

---

[49] *Ecrits sur la psychanalyse* de Louis Althusser, Stock, Imec, 1993, p.224
[50] *Ibid.*, p.238

CHAPITRE 6

LA CONDAMNATION CROISÉE : DU MARXISME PAR FREUD ET DE FREUD PAR DES INTELLECTUELS MARXISTES

C'est bien parce que, comme le remarque Altusser, la psychanalyse est centrée sur l'individu et constitue ainsi un prolongement de la philosophie libérale que les marxistes eurent des réactions de rejet vis-à-vis de la discipline freudienne, réactions qui n'empêchèrent pas pour autant la tentative de récupération de la psychanalyse par la gauche révolutionnaire.

Les mots de Freud sur le communisme

Pourtant, dès le départ, Freud doutait fortement des bienfaits du communisme. D'après son biographe Ernest Jones, que l'on peut qualifier d'officiel,[1] Freud, en raison de son sens de la réalité, était profondément méfiant à l'égard de l'idéalisme marxiste. Voilà ce que Freud, non sans humour, pensait du bolchevisme en 1919 (Ernest Jones évoque une discussion lors d'une rencontre à propos de la situation européenne[2]) : « Freud me prit de court en disant qu'il avait rencontré récemment un ardent communiste et avait été à moitié converti au bolchevisme, comme on disait à l'époque. Ce dernier lui avait dit que l'avènement du bolchevisme amènerait quelques années de misère et de chaos mais qu'elles seraient suivies de la paix universelle, de prospérité et de bonheur. Et Freud ajouta : Je lui ai répondu que je croyais à la première moitié de ce programme. »

On trouve une autre remarque de Freud sur les communistes où il marque son très fort scepticisme sur la réussite des soviets : « Ce ne fut pas non plus un hasard incompréhensible si le rêve d'une domination germanique sur le monde appela comme son complément l'antisémitisme, et il est concevable, on le reconnaît, que la tentative d'édifier en Russie une nouvelle culture communiste trouve son support psychologique dans la persécution des bourgeois. On se demande seulement

---

[1] *La Vie et l'œuvre de Sigmund Freud* (1957), Tome 3, Les dernières années, PUF, 1969, p.389
[2] *Ibid.*, p.18

avec inquiétude ce que les Soviets entreprendront une fois qu'ils auront exterminé leurs bourgeois. » [3]

Notons aussi cette remarque pleine de lucidité de Freud : « Je prédis une surprise paradoxale en Allemagne. Ils ont commencé avec le bolchevisme comme leur ennemi mortel, et ils termineront avec quelque chose qui ne s'en distinguera pas — sauf que le bolchevisme a après tout adopté des idéaux révolutionnaires alors que ceux de l'hitlérisme sont purement médiévaux et réactionnaires. Ce monde me semble avoir perdu sa vitalité et être condamné à la perdition. » [4]

L'anti-communisme de Freud aurait dû trouver face à lui une opposition systématique des marxistes.

Ce fut vrai à certaines époques ! En Union soviétique où la psychanalyse n'eut pratiquement pas le droit de cité (cf. chapitre suivant). Et sans surprise, le communisme stalinien, qui prospérait dans la France d'après-guerre, stigmatisa la psychanalyse. Ainsi, le freudisme est condamné officiellement par le PCF en pleine guerre froide, en 1949, un peu à l'instar de l'Union Soviétique, 20 ans plus tôt… Mais les communistes staliniens développent des critiques simplistes dérivées de la guerre froide.

La psychanalyse condamnée pour libéralisme aigu

Beaucoup plus sophistiquées sont les critiques violentes d'intellectuels français qui condamnent la psychanalyse et ses liens avec l'individualisme libéral.

Parmi les premiers à jeter un pavé dans la mare, le philosophe Gilles Deleuze et le psychanalyste Félix Guattari. Il s'agit de penseurs marxistes qui vont développer une critique nouvelle de la psychanalyse, en condamnant sa totale compatibilité avec le libéralisme.

Ils publient en 1972 le célèbre essai intitulé *Capitalisme et Schizophrénie. L'Anti-Oedipe* (Editions de Minuit).

Pour les deux auteurs, la psychanalyse est dangereuse parce qu'elle « fonctionne dans tous les pores de la société capitaliste » [5] et qu'elle est « profondément réactionnaire dans sa pratique et sa théorie, pas seulement dans son idéologie » puisqu'elle se pratique de manière libérale,

---

[3] *Le Malaise dans la culture* (1930), Œuvres complètes, PUF, 1994, volume XVIII, p.301)
[4] In *La Vie et l'œuvre de Sigmund Freud* d'Ernest Jones, Tome 3, Les dernières années, PUF, 1969, p.208
[5] *L'Ile déserte et autres textes – Textes et entretiens avec Gilles Deleuze, 1953-1974*, Editions de Minuit, 2002, pp.306-307

dans des cabinets privés, sous la forme de contrats (verbaux) entre l'analysé et l'analysant.

Pour eux, la psychanalyse est une sorte d'hôpital psychiatrique fonctionnant à l'air libre puisqu'elle enferme l'individu dans la société capitaliste, en lui permettant de s'y adapter et de s'y soumettre. Ils refusent d'accepter un inconscient limité à la seule influence de la famille et des parents, qui produirait ainsi une « économie libidinale » indépendante de l'économie politique. Selon eux, dans une logique matérialiste, l'inconscient est « produit politiquement, socialement, historiquement »[6] par les peuples et les « agencements collectifs ».

En se situant au niveau de l'individu, la psychanalyse « est une machine toute faite, déjà constituée pour empêcher les gens de parler (…). Une sorte de tourniquet, de machine interprétative »[7] qui empêche le patient « d'accéder à ce qu'il a vraiment à dire », à savoir la révolte à l'égard du système capitaliste et la remise en cause de l'ordre établi.

À la même époque, le sociologue marxiste Robert Castel, directeur d'études à l'École des Hautes Études en Sciences Sociales, publie un ouvrage, intitulé *Le Psychanalysme* qui condamne également avec force la psychanalyse en raison de sa perméabilité au monde capitaliste.[8]

Ce néologisme, « psychanalysme », signifie que la psychanalyse est elle-même « un foyer de production idéologique ». Au départ méthode d'investigation de l'inconscient, la psychanalyse est pour Castel devenue un produit de consommation. Il s'interroge comment cette approche subversive contribue désormais à améliorer le système en place (l'école, l'entreprise, la psychiatrie…) et tente de comprendre ce qui dans la psychanalyse « réitère les structures dominantes de pouvoir et la rend complice du système socio-économique dans lequel elle s'inscrit. »[9]

Castel y partage le point de vue de Deleuze et Guettari puisque, selon lui « la réduction psychanalytique fait l'impasse totale » sur « les clivages existants dans une société de classes entre groupes dominants et groupes dominés ».[10] Pour Castel, le psychanalyste s'est transformée en agent du système de pouvoir en place, favorisant l'adaptation et le renoncement des analysants à s'opposer à l'ordre social établi, « neutralisant » la dimension du social et du politique pour se consacrer uniquement au domaine

---

[6] *L'Île déserte et autres textes. Textes et entretiens avec Gilles Deleuze, 1953-1974*, Editions de Minuit, 2002, p.381
[7] *Ibid.*, p.382
[8] *Le Psychanalysme* de Robert Castel, Maspéro, 1973, Réédition Champ Flammarion 1981
[9] *Ibid.*, p.11
[10] *Ibid.*, p.52

du privé, de « l'intimité subjective ». Castel parle alors de phénomène de « privatisation » pour la psychanalyse !

Castel retrouve dans la psychanalyse toutes les caractéristiques de la société capitaliste :

- la structure d'inégalité entre l'analyste et l'analysant symbolisée par exemple par la position assis-couché due au divan ;
- une véritable économie de marché, où la relation analytique « se développe sur la base d'un rapport social caractéristique des sociétés libérales »[11] dans le cadre d'une « relation de service personnalisée », où, suprême horreur, les prestataires peuvent entrer en concurrence selon l'abominable loi de l'offre et de la demande !

Il estime donc que le freudo-marxisme, qui tente de concilier libération individuelle (Freud) et libération collective (Marx) est une impasse.

À propos du psychiatre et psychanalyste américain Thomas Szasz et de sa conception de la pratique contractuelle de la psychanalyse (cf. chapitre 10), Castel considère que cela constitue « une illustration du psychanalitico-centrisme »[12], autrement dit de ce que j'appelle le freudo-libéralisme.

Conclusion

D'un côté Freud se méfie terriblement du communisme. De l'autre des intellectuels de gauche comme Deleuze, Guettari ou Castel rejettent violemment la psychanalyse dans le camp du libéralisme.

Il ne reste plus à la pensée libérale qu'à accueillir enfin à bras ouverts la psychanalyse en son sein !

---

[11] *Le Psychanalysme* de Robert Castel, Réédition Champ Flammarion, 1981, p.74
[12] *Ibid.*, p.68

CHAPITRE 7

LE REJET DE LA PSYCHANALYSE
PAR LES RÉGIMES TOTALITAIRES

Un autre angle de vue permettant d'invalider le freudo-marxisme consiste à étudier le développement de la psychanalyse dans les pays communistes. Or une étude rapide permet de constater que les régimes communistes n'ont pu admettre en leur sein la discipline freudienne, pour des raisons évidentes d'incompatibilité. Ceci démontre par une autre approche l'impasse du freudo-marxisme.

La psychanalyse et l'Union soviétique

Avant la Révolution, la Russie fut un terrain très favorable au développement de la psychanalyse. Comme l'expliquent, lors d'un colloque consacré à l'histoire de la psychanalyse, les français Henri Vermorel et Marina Loukomskaïa, ce développement fut « facilité par le contexte d'une culture réceptive à l'inconscient illustrée par les grands auteurs russes de Gogol à Dostoievski, Tolstoï, Tchekhov, etc.... Les premières traductions de Freud sont réalisées à Moscou, où se constitue une prestigieuse école de psychanalyse. (...) Son influence sur la psychiatrie et la culture russes a été majeure, au point qu'après la prise du pouvoir par les bolcheviks, l'État a reconnu la Société et l'Institut de Psychanalyse de Russie et que les recherches psychanalytiques ont pu, un temps, trouver un appui d'une partie des dirigeants de l'époque comme Otto Schmidt, directeur des Éditions d'État, qui a poursuivi la publication des œuvres de Freud et d'autres psychanalystes jusqu'en 1930. » [1]

Mais Lénine et les dirigeants communistes se méfient de la psychanalyse. Jean-François Revel rappelle que c'est certainement « la révolution de 1917 qui fut la plus unijambiste, ses dirigeants ayant étouffé toute libération de la culture et toute libération des mœurs ». Revel cite ainsi « l'étroitesse d'esprit vis-à-vis de la révolution scientifique et morale qui s'annonce avec la psychanalyse. ».

---

[1] Intervention lors des Rencontres internationales à Barcelone en 1992 de L'Association Internationale de la Psychanalyse consacrées au thème « psychanalystes en exil, éléments d'une histoire »

D'après l'ouvrage de Clara Zetkin, *Lénine tel qu'il fut* (Paris, bureau d'édition, 1934) cité par Revel, Lénine écrit : « La théorie de Freud elle aussi n'est aujourd'hui qu'un caprice de mode. Je n'ai nulle confiance en ces théories sexuelles exposées (…), bref dans cette littérature scientifique qui fleurit avec exubérance sur le terreau de la société bourgeoise. »[2]

Certains psychanalystes russes essaient néanmoins dans un contexte hostile de promouvoir la psychanalyse au début de l'ère léniniste. « Un psychanalyste, Alexandre Romanovitch Luria, allait tenter de réhabiliter le freudisme en URSS. Il affirmera que la psychanalyse peut faciliter la compréhension des théories sociologiques du marxisme, autrement dit le « freudo-marxisme »[3]… Ces théories sont condamnées par les autorités qui les jugent provocatrices. Seule la pensée matérialiste est acceptée : « Les actions, les pensées et les sentiments de l'homme ne sont que les produits de son cerveau et de sa moelle épinière. »[4] Avec l'arrivée au pouvoir de Staline vient le temps de la purge systématique des intellectuels, des bourgeois, bref de tous les déviationnistes. La psychanalyse n'a plus droit de cité. « En 1933, l'encyclopédie soviétique la condamne catégoriquement en la déclarant inséparable de la démocratie bourgeoise ». [5]

Seul est admis désormais, comme psychologie officielle, dans la pensée matérialiste unique qui règne, le pavlovisme, la théorie sur les réflexes conditionnés.

Élisabeth Roudinesco explique que « la découverte freudienne a été rendue possible, notamment, par une autonomisation progressive du phénomène psychique et par l'éclatement de la notion même de science unique du cerveau. Il y a donc une contradiction radicale, non pas entre la doctrine du réflexe conditionné et la psychanalyse, mais entre le pavlovisme, qui tend à faire fusionner la psychologie, la neurologie et la physiologie, et la nouvelle théorie de l'inconscient, qui tend au contraire vers un décentrement de la visée unitaire. »[6] D'où le rejet de la psychanalyse qui s'annonce du côté des soviets…

Après la Seconde Guerre mondiale, comme l'explique le journaliste et auteur Gérard Badou[7] dans son ouvrage consacré aux « histoires secrètes de la psychanalyse », Staline s'attaque de nouveau violemment à tout ce qui peut s'apparenter à l'occident et en particulier à « l'individualisme

---

[2] *Ni Marx ni Jésus* de Jean-François Revel, Robert Laffont, 1970, p.225
[3] *Histoires secrètes de la psychanalyse* de Gérard Badou, Albin Michel, 1997, p.156
[4] *Ibid.*
[5] *Ibid.*, pp.157-158
[6] in *Histoire de la psychanalyse en France*, Tome 2, d'Élisabeth Roudinesco, Fayard, 1994, page 54
[7] *Ibid.*, pp.160-161

petit-bourgeois ». S'y ajoute de forts relents d'antisémitisme (le prétendu « complot des blouses blanches »). Jugée à la fois individualiste, bourgeoise, américaine et juive (et donc sioniste pouvant servir le nouvel État d'Israël...), la psychanalyse est de nouveau visée. Les Goulag accueilleront de nombreux représentants de cette discipline... Gérard Badou analyse l'incompatibilité de la psychanalyse freudienne et du matérialiste marxiste en posant la question suivante : « comment l'étude des sentiments de l'individu n'apparaîtrait-elle pas tout à fait dérisoire, voire méprisable, au regard de l'édification d'une collectivité où l'individu, ayant fait abstraction de tous ses instincts personnels, vit totalement pour le groupe ? » [8]

L'interprétation des spécialistes Henri Vermorel et Marina Loukomskaïa, cités au début du chapitre, relève d'une analyse libérale : « Le totalitarisme soviétique est marqué par une répression des individus et une terreur qui comporte l'interdit de penser. Il est à l'opposé de la psychanalyse, reposant sur l'association libre, qui vise à l'émancipation de l'individu, ce qui suppose des conditions sociales tolérant une liberté suffisante des personnes et de l'esprit. Il n'est pas étonnant que les régimes de ces pays en soient venus à interdire la psychanalyse »[9].

Les textes publiés par les communistes français sous l'ère stalinienne viennent illustrer si besoin est la condamnation violente de la pratique freudienne.

Dans les années 50, face à l'attirance d'intellectuels communistes pour la psychanalyse, la direction du parti ne peut évidemment pas laisser passer une telle opposition interne et exige alors une « autocritique ». Un texte est rédigé et publié dans ce sens (dans *La Nouvelle Critique*). En voici un extrait cité par Roland Jaccard[10] : « Idéologie réactionnaire, née à Vienne, liée aux besoins de la famille paternaliste bourgeoise, traitant une minorité de malades sélectionnés par l'argent, basée sur l'irrationalisme et l'individualisme, (...) cet individualisme revient à la négation de toute possibilité de transformation de l'ordre social ».

Même si le texte est une condamnation édulcorée, il n'en constitue pas moins une victoire : le PCF qui obtient ainsi la condamnation de la doctrine de Freud pas ses disciples eux-mêmes. Pour le PC, la psychanalyse s'infiltre partout, dans l'art, dans l'appareil d'état. Elle est véhiculée par la littérature, le cinéma et Hollywood. Elle est même assimilée au

[8] *Ibid.*, p.159
[9] Intervention lors des Rencontres internationales à Barcelone en 1992 de L'Association Internationale de la Psychanalyse consacrées au thème « psychanalystes en exil, éléments d'une histoire »
[10] *Histoire de la psychanalyse* sous la direction de Roland Jaccard, Hachette, 1982, pp.45-46

nazisme comme dans cet article publié en juin 1951 dans *La Nouvelle Critique* : « Idéaliste quant à la méthode, la psychanalyse rejoint la famille des idéologies fondées sur l'irrationnel, jusque et y compris l'idéologie nazie. Hitler ne faisait pas autre chose en cultivant les mythes de la race et du sang, forme nazie de l'irrationnel des instincts. » [11]

Il faudra attendre le règne de Khrouchtchev et sa réprobation des crimes de Staline pour assister à une révision timide de la condamnation des années précédentes. Les communistes français reconnaissent ainsi l'importance des découvertes freudiennes, par exemple en matière de « détermination sociale du sexuel » (autrement dit, tout ce qui est relié à la théorie matérialiste).

La psychanalyse en Hongrie

La Hongrie a été un terrain très favorable à la psychanalyse et a enfanté de grands théoriciens comme Sandor Ferenczi. Le gouvernement communiste de 1919 reconnut officiellement la discipline qui fut intégrée aux structures universitaires. Bien entendu l'occupation de la Hongrie par l'Allemagne nazie fut dramatique (déportations d'analystes…). Après la guerre, malgré la condamnation stalinienne de la psychanalyse, les psychanalystes hongrois purent continuer à exercer leur profession malgré la dissolution de la Société de psychanalyse hongroise et l'interdiction de publier des ouvrages de psychanalyse. La déstalinisation à partir de 1956 permit de nouveau à la psychanalyse de se développer ouvertement en Hongrie.

On retrouve ainsi l'originalité de la Hongrie, un des premiers pays à vouloir se défaire du communisme (Budapest en 1956…), qui fut finalement le seul pays communiste où la discipline freudienne put « se développer et s'organiser de manière exemplaire ». [12]

La psychanalyse en Italie

L'Église et le fascisme mussolinien constituèrent, on s'en doute, des obstacles au développement de la psychanalyse en Italie. L'Église tout d'abord, comme le résume Michel David : « la peur de l'anarchie sexuelle liée au concept d'une libido « pan-sexuelle », le déterminisme « matérialiste » et la substitution de la culpabilité au péché, avec pour

---

[11] *Ibid.*, p.63
[12] *Histoire de la psychanalyse* sous la direction de Roland Jaccard, Hachette, 1982, p.146

corollaire la laïcisation de la confession, étaient les arguments décisifs pour les réfutations ou mises en garde des premiers théologiens alertés ». [13]

Le fascisme s'attaqua à la psychanalyse essentiellement au travers des lois raciales de 1938, de nombreux psychanalystes italiens étant d'origine juive. Plus question d'entendre parler donc de psychanalyse pendant la Seconde Guerre mondiale. « La psychanalyse n'était plus une science « germanique » mais « juive », en attendant d'être « américaine », c'est à dire « bourgeoise » ».[14] Non seulement les jeunes intellectuels nés à cette époque ignorèrent complètement la jeune discipline freudienne, mais l'emprise du marxisme sur le monde des lettres et des sciences humaines pendant la période de l'après-guerre continua à étouffer la psychanalyse, vue comme une science bourgeoise. Il faut attendre les années 60 pour assister à la diffusion de la psychanalyse en Italie, à l'époque du boom économique.

La psychanalyse sous le régime nazi

L'Allemagne fut une des toutes premières terres de conquête de la psychanalyse qui y devint rapidement officialisée. Dès 1920 fut ainsi créée la policlinique psychanalytique de Berlin, création approuvée par le ministère de la Santé et les milieux universitaires. Le nazisme porta un coup d'arrêt brutal à ce développement, Hitler ne voyant dans la psychanalyse qu'une idéologie juive… La liquidation de la psychanalyse en Allemagne fait partie des exactions d'Hitler.

Notons qu'Hayek rapproche l'antisémitisme et l'anticapitalisme : « la tendance anticapitaliste a désigné en Allemagne les Juifs, ensuite les ploutocraties pour ce rôle de l'ennemi. (…) En Allemagne et en Autriche on considérait les Juifs comme les représentants caractéristiques du capitalisme. Le fait que l'antisémitisme et l'anticapitalisme allemands proviennent de la même source est très important pour la compréhension des événements dans ce pays. C'est un fait qui échappe le plus souvent aux observateurs étrangers. » [15]

Autrement dit, les nazis, par antisémitisme et par rejet de la liberté individuelle, ont rejeté le capitalisme et la psychanalyse dans le même camp.

---

[13] *Ibid.*, p.274
[14] *Ibid.*, p.278
[15] *La Route de la Servitude* (1943) de Friedrich A. Hayek, PUF Quadrige, pp.102-103

La psychanalyse mettra près de 20 ans à y refaire son apparition. Comme le dit Ernest Jones dans sa biographie de Freud, 20 ans après, le niveau de la psychanalyse dans ce pays était encore inférieur à celui du Brésil ou du Japon…

Notons que les pays occupés connurent le même sort. Ainsi, pendant la Seconde Guerre mondiale, la psychanalyse fut quasiment interdite en France… La France collaborationniste s'aligna ainsi sur l'Allemagne nazie. Les psychanalystes d'origine juive durent évidemment fuir le nazisme (Marie Bonaparte aida un certain nombre d'entre eux, comme Loewenstein), les psychanalystes français continuèrent plus ou moins à pratiquer leur métier en toute discrétion.

Conclusion

Concluons ce survol de l'histoire de la psychanalyse dans différents pays et régimes totalitaires. On aurait pu le poursuivre par exemple avec l'Argentine où la pratique de la psychanalyse fut entravée sous le régime militaire (1976-1985) alors qu'elle avait connu des périodes plus fastes, notamment avant-guerre.

Nous aurions pu aussi nous arrêter sur le cas de la Chine, autre régime à parti unique. Il y aurait, d'après l'un des très rares psychanalystes chinois, Huo Datong, qu'une dizaine de psychanalystes pour un milliard d'habitants ! Huo Datong y a consacré un essai, *La Chine sur le divan*[16], où il s'intéresse notamment au traumatisme de l'enfant unique. La parole intime pourra-t-elle s'exprimer en Chine au XXIe siècle ? Le sujet sera probablement lié à la liberté d'expression dans le pays.

Il est tentant d'établir un parallèle avec la vie politique, et plus particulièrement avec le degré d'acceptation des idées libérales. Judith Feher-Gurewich affirme que « la théorie psychanalytique est à la fois tributaire et partie prenante du contexte culturel et social dans laquelle elle s'élabore et fait école ». [17]

Aussi, serait-on tenté d'écrire le théorème suivant : « plus un pays est libéral, plus la psychanalyse y est acceptée ; plus il est totalitaire, plus la psychanalyse est rejetée ».

Ce théorème est soutenu par Freud lui-même qui affirma : « Mussolini fait de grandes difficultés à la littérature psychanalytique. L'analyse ne

---

[16] *La Chine sur le divan* de Huo Datong, Plon, 2008
[17] *Lacan avec la psychanalyse américaine*, sous la direction de Judith Feher-Gurewich et Michel Tort, Denoël, 1996, p.13

peut pas mieux prospérer sous le fascisme que sous le bolchévisme et le national-socialisme. » [18]

Illustrons-le par une image : celle des psychiatres, qui dans les pays occidentaux, ont souvent recours à la psychanalyse pour soigner leur patient. À l'opposé, nous avons tous encore le souvenir des hôpitaux psychiatriques en URSS, qui étaient de sinistres lieux d'enfermement destinés souvent à des prisonniers politiques, condamnés à suivre des cures de lavage de cerveau et de médicamentation redoutable.

Une fois de plus, nous retrouvons les libéraux et la psychanalyse sur le même versant. Dans ce contexte, la pensée freudienne, en particulier sur la religion, prend une dimension particulière dont l'éclairage est utile à la compréhension du développement des phénomènes de fanatisme religieux. Elle vient là aussi renforcer les analyses des défenseurs d'un monde libre et ouvert.

Le degré de tolérance à la psychanalyse dans un pays restera sans doute un bon indicateur de son niveau de liberté individuelle.

---

[18] Dans une lettre à Arnold Zweig écrite en 1935. Cité par Alain de Mijolla dans *Les mots de Freud*, Hachette, 1982

TROISIÈME PARTIE

APPLICATION D'UNE GRILLE DE LECTURE LIBÉRALE
AU DÉVELOPPEMENT DE LA PSYCHANALYSE EN FRANCE

CHAPITRE 8

VIVE LA LIBERTÉ, VIVE LA CONCURRENCE !

L'objet de ce chapitre n'est pas de réécrire l'histoire de la psychanalyse en France. Il existe des ouvrages très complets sur le sujet comme *l'Histoire de la psychanalyse* sous la direction de Roland Jaccard ou *l'Histoire de la psychanalyse en France* d'Élisabeth Roudinesco. Je vais m'attacher à effectuer une relecture libérale de cette trajectoire et à démontrer que son développement est caractéristique de la réussite d'une nouvelle entreprise ou d'un lancement de produit :
- adoption du concept par les individus les plus sensibles à la nouveauté,
- méfiance à l'origine de la part des conservateurs à l'égard d'un concept étranger. En l'occurrence, la méfiance à l'égard de la psychanalyse ou en tout cas ses difficultés à se développer en France ont les mêmes causes que le rejet rencontré, encore aujourd'hui, par les idées libérales,
- effet de la concurrence qui stimule le marché et la demande,
- non-interventionnisme de l'État.

L'histoire de la psychanalyse française est étroitement associée aux nombreux débats qui animeront les intellectuels au cours du XXᵉ siècle. Autrement dit, elle sera très proche de la pensée de gauche (socialiste, communiste, trotskiste, libertaire/soixante-huitarde) et éloignée de la pensée libérale… quasi inexistante au cours de ce siècle en France. Et pourtant, la démocratie française, de tradition tout de même libérale, favorisa l'essor de la psychanalyse. Bref, on retrouve le fameux paradoxe français, le pays où l'étatisme a le mieux réussi… pour l'instant.

Un démarrage difficile

La France ne fut pas la terre la plus accueillante pour la psychanalyse, tout simplement parce que Freud n'était pas Français et que fière de sa tradition intellectuelle et de son leadership (les Lumières…), elle était peu encline à importer des théories en provenance de l'étranger.

Notons d'ailleurs que jusqu'en 1982, il n'y aura pas en France d'édition critique des œuvres complètes du fondateur de la psychanalyse, contrairement à de nombreux pays.

Le psychanalyste Alain de Mijolla, spécialiste de l'histoire de la psychanalyse, résume bien la greffe de sa spécialité en France :

> « Avec régularité, depuis cinquante ans, l'annonce solennelle est faite que la mode en est définitivement révolue et que cette fois-ci, la guenon, le poison, la psychanalyse est morte… « Dogmatisme teuton », « pansexualisme », « irrationalisme », il y avait dès le début de quoi choquer la délicatesse des Français si cartésiens. Et que dire de la prétention à l'étranger à juger de l'usage national que l'on entendait faire de la « méthode psychanalytique » et du « freudisme » ? Allait-on accepter de se mettre à la botte de Vienne ou d'un quelconque « machin » international ? » [1]

Freud lui-même fut amené à commenter l'introduction de la psychanalyse en France :

> « Je suis maintenant de loin au prix de quels symptômes réactionnels s'effectue l'entrée de la psychanalyse en France, qui fut longtemps réfractaire. (…) On entend des objections d'une incroyable candeur, comme celle que la sensibilité française serait heurtée par la pédanterie et la lourdeur des dénominations psychanalytiques (…). Le « génie latin » ne supporterait pas du tout le mode de pensée de la psychanalyse. Du même coup, on se désolidarise expressément des alliés anglo-saxons, qui passent pour être de ses partisans. Celui qui entend cela doit évidemment croire que le « génie teutonique » a serré la psychanalyse dès sa naissance comme son plus cher enfant sur son cœur. » [2]

Pourquoi tant d'opposition à la psychanalyse freudienne ?

Repartons au début du XXe siècle. La méfiance vis-à-vis des théories freudiennes provenaient sans doute du fait que Freud était « boche », juif et enfin qu'il avait pris des positions tranchées sur la religion. Alain de Mijolla remarque que derrière ce mutisme « ne peut manquer d'agir quelque réflexe profond du milieu médical français dont la hiérarchie hospitalo-universitaire est en général issue d'une grande bourgeoisie traditionnellement « à droite » et de tripe anti-dreyfusarde ». [3]

Au début du siècle, aucun Français ne participe au premier congrès international de psychanalyse en 1908. Au fond, comme le souligne Alain de Mijolla : « Le mystère n'est pas tant que la société française dans son ensemble ait alors ignoré Freud mais qu'il n'y ait pas eu un seul individu pour se dire : ce que raconte cet homme, à Vienne, est fou mais passion-

---

[1] *Histoire de la psychanalyse* sous la direction de Roland Jaccard, Hachette, 1982, pp.9-10
[2] *Sigmund Freud présenté par lui-même* (1925), Edition Folio Essais, 1984, pp.105-106
[3] *Histoire de la psychanalyse* sous la direction de Roland Jaccard, Hachette, 1982, p.18

nant, allons-y de plus près ! » [4] Autrement dit, on retrouve là une attitude familière, de plus en plus relevée à l'ère de la mondialisation : la difficulté des Français à s'adapter aux idées nouvelles.

L'adoption par les avant-gardistes

Les spécialistes du marketing les appellent les « early adopters », les adopteurs précoces. Ce sont les personnes qui les premières achètent un nouveau produit avant sa diffusion auprès du grand public. Il s'agit souvent, par exemple dans le domaine des nouvelles technologies ou de la mode, de groupes d'individus plus cultivés et formés que la moyenne, souvent parisiens et « branchés ».

Et bien tel fut le cas pour le produit « psychanalyse », puisque ce furent les surréalistes, avec à leur tête André Breton, qui s'intéressèrent les premiers à Freud. Certes, Freud ne s'associa pas du tout à cette récupération dénuée de tout caractère scientifique ; il n'empêche que ce coup de foudre des surréalistes pour la discipline freudienne contribua à faire connaître la psychanalyse en France.

Entre les deux guerres, les débats sont très nombreux. À l'époque, les communistes français se méfient de la psychanalyse mais aussi du freudo-marxisme. Comme le note Élisabeth Roudinesco, « pendant cette période, les surréalistes sont probablement les seuls représentants d'une sorte de « freudo-marxisme à la française ». (…) Le seul point commun existant entre le freudo-marxisme en général et le surréalisme en particulier est celui qui consiste à associer la notion de révolution sociale à celle de révolution sexuelle ». [5] À noter qu'Aragon et Breton avaient lors d'un voyage en URSS en 1930 été contraints de faire leur autocritique et de renier le surréalisme, le freudisme et le trotskisme.

Vive la concurrence !

L'histoire de la psychanalyse en France après la Seconde Guerre mondiale s'inscrit dans celle d'une France intellectuelle qui lutte pour sa différence culturelle, face à « l'impérialisme américain ». En effet, comme l'indique Élisabeth Roudinesco, « il existe bien, dès 1945, un Yalta de la psychanalyse, mais aucun Staline n'est convié au banquet du fait de l'extinction du freudisme en Union soviétique et en Europe orientale. Le

---

[4] *Ibid.*, p.11
[5] *Histoire de la psychanalyse en France*, Tome 2, d'Élisabeth Roudinesco, Fayard, 1994, p.69

partage des territoires concerne trois grandes puissances : la France où prend corps le mouvement lacanien, le Nouveau Monde où règne l'influence anglo-américaine, et l'Angleterre où s'épanouit la coexistence pacifique entre plusieurs courants ». [6]

Ces antagonismes sont à l'origine d'une forte concurrence, autrement dit d'une compétition qui favorise l'innovation et la recherche de performance.

Dès 1950, on va ainsi assister à une opposition entre l'École française de la psychanalyse qui cherche à construire une théorie visant à retrouver l'élan du message freudien, et la psychanalyse américaine, plus pragmatique, au service d'une « idéologie du moi » (l'ego-psychology présentée précédemment) qui s'éloigne de l'école viennoise.

On observe alors un nombre non négligeable de scissions et créations de nouvelles associations qui finalement découle de l'absence d'intervention d'une puissance tutélaire et qui souligne concrètement les bienfaits de la concurrence.

Après la guerre, la psychanalyse française, dans le cadre officiel et historique de l'organisation créée par Freud, l'IPA (International Psychoanalytical Association ou API en français, Association Psychanalytique Internationale), va se répartir entre trois courants identifiés respectivement par trois personnalités :

- le courant médical, la ligne « internationaliste » de L'IPA, avec Sacha Nacht qui « favorise la carrière des candidats médecins, encourage les recherches de psychosomatique et préconise un enseignement codifié et hiérarchisé que doivent compléter des stages hospitaliers obligatoires »[7]. À noter que Nacht dirige la SPP (Société Psychanalytique de Paris) aux débuts des années 50 et impose un style autocratique (vote à main levée…) en partie pour forcer l'allure et développer la SPP, ses enseignements et son influence (notamment internationale).

- le courant psychologique de Daniel Lagache, « un des artisans du prestigieux développement des « sciences humaines » dans le milieu intellectuel, et le promoteur opiniâtre d'une qualification psychanalytique obtenue au terme d'un cursus d'allure plutôt universitaire »[8] ; on parle du courant « libéral » par rapport au courant de Nacht. Lagache vise en effet à adapter les règles internationales imposées par l'IPA à la situation française et non à les appliquer *stricto sensu*.

---

[6] *Ibid.*, p.185
[7] Voir le site internet de la Société Psychanalytique de Paris : http://www.spp.asso.fr/wp/?p=2260
[8] *Ibid.*

- enfin le courant philosophique et littéraire de Jacques Lacan, qui « va parvenir dans les années 60-70, et ceci au nom de Freud, à mettre en vedette dans la vie culturelle française sa propre vision de la psychanalyse, phénomène unique dans son histoire mondiale »[9].

Les positions de Lacan vont le placer en porte à faux vis-à-vis du mouvement international de la psychanalyse. Élisabeth Roudinesco explique le contexte de l'époque de la manière suivante : « Le libéralisme universitaire de Lagache est aussi acceptable par la direction de l'IPA que l'autocratisme médical de Nacht. Le premier est conforme à une sorte de « ligne anglaise », le second s'adapte mieux aux positions américaines. (…) Fort différente est la position de Lacan. Ayant amorcé avant-guerre un premier retour implicite à Freud, notre héros prend conscience de la nécessité d'une organisation de la formation didactique conforme au principe de la découverte freudienne. Il ne refuse ni la voie universitaire ni la voie médicale, mais fait dépendre l'une et l'autre du primat d'une politique de la psychanalyse. Il n'hésite pas à prendre la place d'un législateur et d'un commandant en chef, se confrontant ainsi à la réalité contradictoire de la démocratie et de l'autocratie ». [10]

Ces trois courants vont rapidement s'affronter. Lacan est critiqué par la ligne Nacht pour la conduite de ses analyses didactiques (analyses de futurs praticiens), jugée non conforme à l'approche internationale. Il est également critiqué de ne pas respecter les longueurs des séances, en principe fixées à au moins 45mn (4 ou 5 fois par semaine durant deux ans au minimum…). Lacan sera en effet, au fil du temps, conduit à raccourcir de plus en plus la durée de ses séances. En tout état de cause, à la fin de l'année 1952, alors que les « libéraux » menés par Lagache, tentent de freiner l'emprise de Nacht, Lacan présente lui aussi son propre projet d'un institut idéal de psychanalyse, plus culturel que médical, et avec des élans que l'on pourrait qualifier de libéraux :

> « Il souligne les deux dangers à éviter (…) : « politique personnelle de la direction et formalisation des études ». En ce sens, ses amendements tendent à un assouplissement des procédures et à un partage des pouvoirs ». [11]

Passons sur les combats qui opposent ces trois courants… En fait le courant de Nacht domine les deux autres au sein de la SPP. Finalement,

---

[9] *Ibid.*
[10] *Histoire de la psychanalyse en France*, Tome 2, d'Elisabeth Roudinesco, Fayard, 1994, p.238
[11] *Ibid.*, pp.54-55

en juin 1953, une scission se produit. La Société Française de Psychanalyse (SFP) voit le jour. Elle regroupe à la fois le courant libéral de Lagache et le courant Lacanien. Citons une nouvelle fois Alain de Mijolla : « Un vent de libéralisme souffle, dont témoigne le texte par lequel le bureau provisoire annonce au public les objectifs de la Société : « Nous combattons pour la liberté de la science et pour l'humanisme. L'humanisme est sans force, s'il n'est pas militant » (…) Notre but est de constituer une Société et un Institut dans un climat démocratique de liberté, de respect mutuel et d'entraide ». [12] Cette liberté passe par exemple par le libre choix de l'analyste, du contrôleur (qui vérifie le travail de l'analyste), le libre choix des cours et des séminaires.

Ainsi, si le mot libéralisme, dans le sens de philosophie libérale, est en général absent des débats qui animent les psychanalystes, puisque de nombreux psychanalystes français penchent plutôt vers la gauche de l'échiquier politique et plus particulièrement vers le communisme, on observe qu'il est néanmoins utilisé très fréquemment ! Or les mots ont un sens… Ce ne sont pas les lacaniens qui diront le contraire…

Certains argueront qu'il faut comprendre ici le mot libéral dans une acception simple… « largeur de vue » et « favorable à la liberté ». Mais au fond les libéraux (dans le sens employé aujourd'hui) peuvent se reconnaître pleinement dans la démarche libérale de l'époque de Lagache et de Lacan.

N'oublions pas que la psychanalyse était à l'époque une discipline jeune, très jeune… elle n'avait qu'un demi-siècle. Il était sain que certains s'élèvent contre une psychanalyse officielle, celle définie par les règles de l'IPA.

Autrement dit, les psychanalystes « libéraux » de l'époque défendaient tout simplement la vertu de l'émulation et de la concurrence.

Alain de Mijolla le signale d'ailleurs : « Il va donc y avoir toutes ces années, concurrence entre les sociétés, l'une et l'autre cherchant à s'implanter dans les domaines ou la psychanalyse peut trouver trace. » [13] Cette concurrence n'empêche pas les échanges entre les deux courants. « Les analystes les plus jeunes n'épousent pas vraiment les querelles du passé et tissent des liens d'estime et d'amitié d'une société à l'autre. » [14] D'autres psychanalystes ont noté l'impact positif de la pluralité des écoles. Daniel Widlöcher, interrogé par Patrick Froté dans l'ouvrage *Cent ans après*, remarque ainsi que : « Le pluralisme des écoles psychanaly-

---

[12] *Ibid.*, p.65
[13] *Histoire de la psychanalyse* sous la direction de Roland Jaccard, Hachette, 1982, p.72
[14] *Ibid.*, p.78

tiques, quand on ne le résume pas à des querelles dogmatiques, est signe de progrès parce qu'il fait éclater et se développer les concepts. (…) La confrontation des écoles, qui, à mes yeux, représente un des facteurs d'évolution de la psychanalyse. » [15]

Ainsi donc, la concurrence ne fut pas « sauvage » comme la qualifient habituellement les anti-libéraux mais favorisa l'essor et l'inventivité du mouvement psychanalytique français !

La SPP et la SFP furent alors à peu près à égalité en nombre d'analystes en formation, avec un léger avantage à la nouvelle SFP, notamment en raison de l'aura de Lacan auprès des jeunes.

Or les économistes libéraux connaissent la règle par cœur… Le développement de l'offre crée la demande. Et c'est bien ce qui arriva. Nous assistons au milieu des années 50 à une popularisation de la psychanalyse, concrétisée par exemple par des articles dans des magazines à grande diffusion nationale.

Lacan fait preuve d'innovation quasi marketing en ouvrant son Séminaire hebdomadaire au public. « Pour la première fois, un tel enseignement n'est pas réservé aux seuls analystes et futurs psychanalystes, mais s'ouvre à tous, même non-analysés. » [16]

De son côté la SPP annonce l'ouverture en 1954 d'un Centre de diagnostic et de traitement psychanalytique réservé aux malades peu fortunés, qui s'intègrera quelques temps plus tard aux dispensaires de l'Office public de l'hygiène sociale de la préfecture de Seine. La médecine institutionnelle s'intéresse ainsi désormais à la psychanalyse.

Mais Nacht craint l'éventualité d'une emprise grandissante de l'État. Aussi, la SPP maintient sa politique de rapprochement avec l'IPA. Cette reconnaissance internationale constitue un « rempart »[17] face aux institutions traditionnelles.

Au total, malgré un début d'institutionnalisation de la psychanalyse, c'est bien l'absence de l'État qui explique en partie le développement phénoménal de la psychanalyse dans les années cinquante.

Chaque société de psychanalyse qui se créait avait plusieurs fonctions :
- définir des règles en matière de formation des psychanalystes,
- définir les conditions d'exercice du métier,
- permettre les échanges entre ses membres.

---

[15] *Cent Ans Après, entretiens avec Patrick Froté*, Gallimard, 1998, pp.289-290
[16] *Histoire de la psychanalyse* sous la direction de Roland Jaccard, Hachette, 1982, p.68
[17] *Ibid.*, p.72

Ainsi chaque école de psychanalyse fixait ses propres règles de conduite. Il s'agissait *de facto* de systèmes éducatifs privés, de formes de justice privée, qui fonctionnaient somme toute fort bien.

Le marché de la psychanalyse était ainsi auto-régulé : les labels (les différentes écoles) permettant aux patients de s'y retrouver et d'éviter de s'adresser à n'importe qui.

Certes, tout individu pouvait clouer une plaque « psychanalyste » sur sa porte.

Mais le marché sanctionnait les abus par le simple jeu de la concurrence et de la liberté de choisir son analyste.

Et après tout, cela ne se passait peut-être pas si mal en comparaison d'autres marchés de soin, par exemple celui de la médecine générale, dite « libérale », mais désormais très dépendante d'un « client » final unique… la Sécurité sociale.

Conclusion

La réussite du développement de la psychanalyse en France tient en bonne part au fait que les préceptes du libéralisme — liberté d'entreprendre et initiative privée, laissez-faire, intervention limitée de l'État — purent s'appliquer sans entrave. Aujourd'hui encore, même si la pratique de la psychanalyse est devenue en partie institutionnalisée (les psychiatres/psychanalystes peuvent prescrire des séances de psychanalyse remboursées par la Sécurité sociale), les règles libérales restent vivaces pour les psychanalystes, gênés toutefois par la coexistence avec un marché régulé et remboursé.

CHAPITRE 9

LE SUCCÈS DU FREUDO-MARXISME EN FRANCE :
UNE ILLUSTRATION DE L'EXCEPTION CULTURELLE

Le succès spectaculaire du freudo-marxisme en France constitue sans doute un exemple de l'exception culturelle française, caractérisée par la tentation du repli sur soi, l'anti-américanisme, et bien entendu le rejet du libéralisme.

Le phénomène auquel on assista en France dans les années 50 et 60 pourrait se résumer au sophisme simplificateur : la psychanalyse est avant tout un domaine prisé par les intellectuels. Or les intellectuels penchent dans la France des années 50 du côté de la gauche et du marxisme. Donc la psychanalyse se retrouve à l'époque dans ce camp politique.

Essayons d'avoir une vision plus approfondie !

C'est Raymond Aron qui en 1955 décrivit avec justesse ce phénomène dans *L'Opium des intellectuels.* [1]

Pour lui, le communisme est « la religion par excellence des intellectuels » parce que : « le mythe de la gauche contient implicitement l'idée de Progrès »[2] ; que pour l'intellectuel, « la réforme est ennuyeuse et la révolution excitante », « lyrique et fascinante » ; et que le mythe révolutionnaire a « bénéficié d'abord du prestige du modernisme esthétique. » [3]

Déjà à l'époque, il observait l'anti-américanisme des intellectuels, suscité par la nostalgie des idées universelles et par l'orgueil d'une grande puissance en déclin. Ainsi il expliquait que la gauche européenne en voulait « surtout aux États-Unis d'avoir réussi sans suivre des méthodes conformes à l'idéologie préférée. Prospérité, puissance, tendance à l'uniformité des conditions, ces résultats ont été atteints par l'initiative privée, par la concurrence plutôt que par l'intervention de l'État, autrement dit par le capitalisme, que tout intellectuel bien né a le devoir non de connaître mais de mépriser ». [4]

Dans ce contexte, les universitaires et leur enseignement se trouvaient imprégnés des idées « progressistes » de l'époque. D'après Aron, « les normaliens de la rue d'Ulm pensent les problèmes politiques, en 1954,

---

[1] *L'Opium des Intellectuels* de Raymond Aron (1955), Hachette, 2002
[2] *Ibid.*, p.46
[3] *Ibid.*, p.54
[4] *Ibid.* p.237

dans les termes de la philosophie marxiste ou existentialiste. Hostiles au capitalisme en tant que tel, anxieux de « libérer » les prolétaires, ils connaissent mal le capitalisme et la condition ouvrière ». [5]

La thèse aronienne est parfaitement corroborée par le retour en force du freudo-marxisme dans le contexte français des années 60 et sa prolongation par un long, très long flirt entre la psychanalyse française et le marxisme et ses dérivés comme l'antiaméricanisme, déjà présent dès la fin des années 40.

Lacan et Althusser à l'origine du retour du freudo-marxisme

Dès novembre 1955, Lacan fait un pas vers l'antiaméricanisme, en rappelant au cours d'une conférence la fameuse phrase prêtée à Freud, prononcée lors de son arrivée à New York en 1907 : « Ils ne savent pas que nous leur apportons la peste ». Avec cette conférence, note Alain de Mijolla, « toute une imagerie romantique et révolutionnaire en naîtra, reprise et magnifiée après l'exposition de mai 68, assurant à Lacan, qui en devient le symbole, un succès politique incontestable »[6].

Ainsi apparaît un des paradoxes lacanien. Alors qu'il participe de fait au développement d'une école « libre » de psychanalyse (par rapport à la très stricte Société Psychanalytique de Paris de Nacht), alors aussi qu'il cherche à ne pas se couper du mouvement international de la psychanalyse, Lacan fait de la provocation (peut-être parce que ses adversaires de la SPP sont affiliés au mouvement international) et de la surenchère en matière d'anti-américanisme !

De plus, il se rapproche de plus en plus des idées philosophiques en vogue. Il se réclame ainsi du structuralisme, fait des emprunts à la linguistique, « alors parée d'une auréole scientifique au sein des empiriques sciences humaines. » [7] Il intéresse de plus en plus les milieux intellectuels et les jeunes psychiatres ; il est de plus en plus médiatisé.

En juillet 1963, l'IPA décide de maintenir le statut de « Study Group » à la SFP. Ce maintien est assorti d'une condition :

« Le Docteur Lacan n'est plus désormais reconnu comme analyste didacticien ». Autrement dit les analystes en formation avec le Dr Lacan ne seront pas reconnus sur un plan international…La motion entérinant cette condition est votée par la SFP en octobre 1963.

---

[5] *Ibid.*, p.224
[6] *Histoire de la psychanalyse* sous la direction de Roland Jaccard, Hachette, 1982, p.70
[7] *Ibid.*, p.78

Cette situation conduit Lacan à prendre son indépendance. Il est accueilli, avec son séminaire, à l'École normale supérieure et plus particulièrement par le philosophe marxiste Althusser. Comme le note Alain de Mijolla : « Pour la première fois, il s'éloigne des structures institutionnelles au sein desquelles il avait jusqu'alors dispensé son enseignement pour entrer dans le siècle et se ranger du côté des philosophes. Son discours, s'adressant de plus en plus à des non-analystes, va privilégier une théorisation destinée aux intellectuels qui lui assureront une répercussion culturelle considérable (…) le mythe de « l'analyse avec Lacan » fera de cette épreuve initiatique la garantie et le brevet d'une qualification pratique et théorique sans égale. » [8] Quelques mois plus tard, il créée l'École française de psychanalyse (EFP) en juin 1964, rebaptisée peu après École freudienne de Paris, jusqu'à sa dissolution en 1980. Cette fois-ci, Lacan devient complètement isolé sur la scène psychanalytique française et internationale, même s'il est très populaire.

L'EFP est véritablement dédiée à la transmission que Lacan fait de Freud. Elle s'ouvre aux analystes, aux non-analystes. Alors que l'on trouve sur le marché de la psychanalyse deux autres sociétés (la SPP et la SEP), c'est l'EFP qui séduit les intellectuels — de gauche — cela va de soi ! La parution des *Écrits* de Lacan en 1966 connaît ainsi un succès retentissant.

Mais surtout, Lacan rend la psychanalyse acceptable aux yeux des communistes, grâce à l'influence du philosophe marxiste Louis Althusser. Signalons par exemple cette citation de *l'Humanité* du 24 février 1970 : « Les concepts freudiens ont été reformulés par le Docteur Lacan. Avec lui, la psychanalyse semble prendre une allure décisive de la science de l'inconscient. » [9]

Fait incroyable, alors que les communistes ont rejeté la psychanalyse, alors que le freudo-marxisme n'a pas percé dans les années 20 et 30, il est quasiment réinventé en France, dans les années 60, peu de temps avant les événements de mai 68.

Rares sont ceux qui contesteront Lacan à l'époque, si ce n'est le philosophe Jean-François Revel qui dans *l'Express* du 18-25 décembre 1966 s'interroge dans un article intitulé « Où est donc Freud ? » : « Il se peut que la philosophie de Lacan soit très importante. Mais il me paraît discutable qu'elle constitue un retour à Freud, ou un prolongement de Freud. » [10]

---

[8] *Ibid.*, pp.89-90
[9] cité dans *Histoire de la psychanalyse* sous la direction de Roland Jaccard, Hachette, 1982, p.98
[10] *Ibid.*

Alain de Mijolla rappelle le climat de l'époque : « de fait, l'inconscient est désormais réputé structuré comme un langage, le complexe d'Œdipe s'exprime en termes de phallus et de signifiant, les symptômes se démontent selon les lois de la linguistique. (…) Ces idées et ces termes nouveaux, ainsi que la vogue du calembour lacanien, vont alors envahir non seulement les médias et les salons, mais aussi les réunions universitaires, médicales, psychiatriques surtout, donnant lieu à un terrorisme langagier parfois peu supportable ». Plus inquiétante aussi, la prolifération de « psychothérapeutes » ou de « psychanalystes » ne s'autorisant que d'eux-mêmes. (…) L'analyse y retrouvera vite sa vieille réputation de pratique bien peu rigoureuse, à la limite de la dangerosité… » [11]

Comment la psychanalyse devient une des pièces maîtresses de la culture de gauche et d'extrême gauche

Concrètement, au milieu des années 60, la psychanalyse fait désormais partie de la culture nationale. Elle s'inscrit dans le développement des sciences « humaines ». Elle est présente sur un plan institutionnel, par exemple dans le cadre des différents centres médico-psycho-péda-gogiques. Les publications et articles sur le sujet se multiplient. La psychanalyse devient un quasi phénomène de masse.

Elle est de plus en plus présente à l'université, au moins sur un plan culturel. Comme le dit Élisabeth Roudinesco : « À l'université, les étudiants lisent les textes freudiens et les professeurs les citent à la faveur des thèmes du moment : libération de la jeunesse, contraception, information sexuelle, etc. » [12]

Or sur un plan politique, les années 60 sont pour les milieux intellectuels français (de gauche) les années de l'anticolonialisme (dans le contexte de l'après-guerre d'Algérie), du tiers-mondisme… et toujours de l'antiaméricanisme, renforcé par la guerre du Vietnam, le tout étant activé comme le démontre Jean-François Revel dans *Comment les démocraties finissent* (1983) par l'intense travail de désinformation de l'URSS et de ses satellites.

La conséquence majeure de ces changements culturels est la formation de toute une génération de normaliens doctrinaires, dont l'on connaît l'influence intellectuelle en France, à la fois au marxisme mode Althusser et à la psychanalyse version Lacan. Ces jeunes théoriciens

[11] *Histoire de la psychanalyse* sous la direction de Roland Jaccard, Hachette, 1982, pp.98-99
[12] *Histoire de la psychanalyse en France*, Tome 2, d'Élisabeth Roudinesco, Fayard, 1994, p.381

trouvent dans Lacan des moyens de se battre contre « l'impérialisme » qu'ils honnissent.

Or les élèves de l'époque ne sont autres que la génération des hommes et des femmes qui ont eu les clés du pouvoir politique, médiatique et intellectuel au cours des décennies 80, 90 et 2000.

Autrement dit, les effets de cette rencontre Althusser / Lacan persistent aujourd'hui.

Jacques-Alain Miller, en est l'exemple type. Toujours très décrié par ses pairs (« son œuvre est « inexistante et non avenue, et pour cause : il n'a jamais été analyste » dit par exemple le psychanalyste A. Green[13]), il signe régulièrement encore des points de vue, par exemple dans *Libération*. À l'époque Miller découvre Lacan, via Althusser et … Freud à travers Lacan puisque, d'après Élisabeth Roudinesco : « il lit Lacan sans Freud pour comprendre Freud à partir d'un Lacan déjà Lacanien ». [14] Ce philosophe devient un militant combatif du lacanisme, qui joue les trouble-fête au milieu des psychanalystes.

Les étudiants « althussériens » se retrouvent au sein du cercle UEC (Union des étudiants communistes) de la rue d'Ulm. Ils défendent une ligne maoïste et antirévisionniste. Comment le lacanisme a-t-il rencontré le maoïsme ? C'est tout simple. Comme l'explique Élisabeth Roudinesco[15], le lacanisme défend une ligne freudienne orthodoxe face au « révisionnisme » américain ; de son côté, le maoïsme défend une ligne marxiste orthodoxe, héritière du marxisme-léninisme et du stalinisme, face à la ligne des partis communistes occidentaux, qui se compromettent avec les démocraties « bourgeoises » et restent dans une optique khrouchtchévienne.

Aussi, il n'est pas surprenant d'apprendre que Jacques-Alain Miller et sa femme Judith Lacan s'engagent dès 1969 dans le mouvement maoïste La Gauche Prolétarienne, GP (ou se retrouvera entre autres Serge July). Adhèrent également à la GP, le frère de Jacques-Alain, le psychanalyste et aujourd'hui très médiatique Gérard Miller, ainsi qu'un autre lacanien Jean-Claude Milner.

Voici un exemple de l'état d'esprit des membres de la GP, à travers cette interview donnée par la fille de Lacan, Judith Miller à *l'Express* en mars 1970 à propos de son enseignement de philosophie à l'Université de Vincennes : « Je m'attacherai à ce qu'elle fonctionne de plus en plus mal. L'université est un appareil d'État, un morceau de la société capita-

---

[13] Entretiens avec Patrick Froté in *Cent ans après*, Gallimard, 1998, p.140
[14] *Histoire de la psychanalyse en France*, Tome 2, d'Elisabeth Roudinesco, Fayard, 1994, p.387
[15] *Ibid.*, p.391

liste et ce qui apparaît comme un havre de libéralisme ne l'est pas du tout. On ne peut pas le détruire en tant que morceau de l'appareil d'État, si on ne détruit pas l'ensemble ». Judith Miller précise par ailleurs que « Spinoza et Kant ne lui servent à rien pour le moment et qu'elle fait étudier à ses élèves les études ouvrières à Turin, le marxisme-léninisme sous sa forme maoïste et la nature des pays socialistes. » [16] Judith Miller, renvoyée dans le secondaire dont elle était détachée, sera réintégrée à la faculté de Censier à la prise de pouvoir de la gauche en 1981.

Autre exemple d'intellectuel fervent admirateur de Lacan et Mao, l'écrivain Philippe Sollers, un temps analysé par Lacan, qui rêve en 1973 d'organiser un voyage en Chine en compagnie de Lacan…

À côté des marxistes, gauchistes ou orthodoxes, on retrouve également le large mouvement des libertaires, qui s'oppose à tout ce qui représente l'ordre et la norme : la famille, l'église, l'armée et bien entendu l'État. Chez les libertaires, on retrouve non pas l'influence néo freudo-marxiste lacanienne mais plutôt une affiliation avec le freudo-marxisme plus ancien de W. Reich. En effet, à la fin des années cinquante et au début des années soixante, Reich a fait notamment l'objet de différents articles dans la revue *Arguments* (créée en 1956 notamment par Edgar Morin, Roland Barthes) qui tente de réhabiliter cet auteur oublié.

Les théories sur la sexualité de Freud trouvent bien entendu un écho important auprès des mouvements féministes que se développent. La terminologie psychanalytique est ainsi très présente dans le vocabulaire du MLF. Comme le souligne Élisabeth Roudinesco, « le discours freudien joue le rôle de référence culturelle dominante, tout en étant pénétré d'une thématique reichienne et libertaire. » [17]

Autre conséquence de Mai 1968, l'accélération de l'implantation de la psychanalyse à l'Université. Certes, celle-ci y est déjà présente sous couvert de l'enseignement de la psychologie ou de la médecine. Mais la psychanalyse devient une matière noble, en particulier lors de la création de la fameuse université de Vincennes (transférée dix ans plus tard à Saint-Denis). Vincennes, ouverte aux non-bacheliers, est portée sur l'enseignement des sciences humaines, de l'art, du théâtre.

Le département de psychanalyse, créé par le psychanalyste Serge Leclaire, est rattaché à l'UER de philosophie où enseignent des professeurs comme Michel Foucault, Gilles Deleuze ou François Michelet. À noter que Jacques-Alain Miller est appelé par Leclaire et Foucault pour y ensei-

---

[16] *Histoire de la psychanalyse en France*, Tome 2, d'Elisabeth Roudinesco, Fayard, 1994, p.562
[17] *Ibid.*, p.523

gner. En fait tous les enseignants de ce département sont membres de l'EFP de Lacan qui, pour sa part, désapprouve l'initiative qui dévoierait la psychanalyse (selon Élisabeth Roudinesco, Lacan « fabrique de la révolution sans céder à ses illusions »...). Miller par la suite prendra du poids à la fois à l'EFP et dans le domaine universitaire puisque par exemple il crée en 1976 un « doctorat de troisième cycle du Champ Freudien » à Vincennes.

Une fois de plus, on voit que des milliers d'étudiants vont suivre un enseignement très marqué. Des étudiants aujourd'hui âgés de la soixantaine, et qui soit ont trouvé depuis d'autres grilles de lecture, soit utilisent toujours le prisme déformant du lacanisme à la mode marxiste, pour essayer d'interpréter le monde qui les entourent.

Lacan dissoudra l'EPF en 1980 peu avant sa mort survenue en 1981. Le lacanisme continue alors à se perpétuer au travers de 4 composantes, et tout particulièrement de l'École de la Cause Freudienne (ECF), dirigée par Jacques-Alain Miller, héritier spirituel de Lacan, qui joue un peu un rôle similaire de maître auprès de ses disciples.

La mort de Lacan est saluée essentiellement par la presse et les intellectuels de gauche. *Libération*, *Le Matin de Paris*, *Le Monde*, *Le Nouvel Observateur* mais aussi *l'Humanité* y consacrent de nombreuses pages. Jack Lang, ministre de la Culture, et Georges Marchais sont pratiquement les seuls hommes politiques à présenter leurs condoléances à la famille du défunt. Élisabeth Roudinesco insiste sur le fait que : « la France est devenue freudienne par la gauche, par la littérature, par le communisme et par le gauchisme. Du même coup, elle est devenue lacanienne. » [18]

En 1985, elle évalue le nombre de psychanalystes reconnus par l'IPA à 478, auxquels il faut ajouter les élèves non répertoriés. Les psychanalystes lacaniens ou non lacaniens, extérieurs à l'influence de l'IPA, sont d'après elle environ 1600. Ce sont les anciens élèves ou partisans de Lacan qui deviennent les figures de proue de la psychanalyse française, même si celle-ci alimente moins les débats intellectuels du pays pour se limiter essentiellement à son domaine de base, la thérapie de la souffrance humaine.

Au total, la psychanalyse en France est indissociable de l'histoire des intellectuels au cours du XXe siècle, une histoire très marquée par le marxisme et tous ses dérivés. Il existe sans doute « une relation symbiotique entre une certaine évolution psychanalytique et les valeurs culturelles du

---

[18] *Histoire de la psychanalyse en France*, Tome 2, d'Elisabeth Roudinesco, Fayard, 1994, p.682

lieu où elle se développe » comme le suggère le psychanalyste français André Green. [19]

Cette histoire marque résolument la psychanalyse du côté gauche de l'échiquier politique.

Mai 68 a été le creuset de toute une génération, aujourd'hui dans la force de l'âge, qui a été aux commandes au sein des organes de pouvoir du pays (politique, éducation, médias, syndicats, entreprises…) et qui a été *in concreto* durablement influencée par le freudo-marxisme.

Conclusion

Finalement, nous retrouvons dans cette chronologie de la psychanalyse toutes les contradictions françaises. Le régime démocratique et l'acceptation à reculons de l'économie de marché ont favorisé tant bien que mal une certaine liberté, et la psychanalyse en a profité.

Mais sur un plan culturel, c'est la gauche qui a gagné. Pour le Français non initié, l'idéal-type du psychanalyste n'est autre que Gérard Miller, l'ancien maoïste. En tant qu'expert en psychanalyse, il est l'invité régulier d'émissions radiotélévisées et signe de multiples articles. Bien entendu, il développe un discours de gauche politiquement correct et n'a pas totalement renoncé à ses idéaux de jeunesse.

Notons tout de même que certains psychanalystes français, sans doute convaincus par le bilan éloquent de l'application de l'idéologie communiste au XXᵉ siècle (80 millions de morts…), sont arrivés à la conclusion que le marxisme faisait fausse route.

Ainsi, dans son essai *De l'argent en psychanalyse et au-delà*, Serge Viderman est l'un des rares psychanalystes français à se pencher sur « l'ensemble des problèmes soulevés par l'argent et ses rapports avec la psychanalyse ». [20] Il remet en cause bon nombre des préceptes chers aux freudo-marxistes et arrive à la conclusion suivante : « Pour le rôle général que l'argent a joué dans la libération sociale et l'indépendance des individus, point n'est besoin de longs développements. Ce qui paraîtra sans doute plus piquant, c'est de voir que l'analyse elle-même ne pouvait se concevoir ni se développer que dans une société marchande — plus exactement dans le régime de l'économie libérale et par le truchement de l'argent, ce moyen neutre d'échanges universels ». [21]

---

[19] Entretiens avec Patrick Froté in *Cent ans après*, Gallimard, 1998, p.99
[20] *De l'argent en psychanalyse et au-delà* de Serge Viderman, PUF, 1992, p.36
[21] *Ibid.*, p.153

Mais il est frappant de constater que si certains psychanalystes contemporains reconnaissent leurs erreurs d'appréciation ils demeurent nostalgiques de leurs années marxistes et surtout s'arrêtent en chemin en évitant d'approfondir leur connaissance de la pensée libérale... et en ne prononçant pratiquement jamais le mot tabou : libéralisme.

QUATRIÈME PARTIE

LE FREUDO-LIBÉRALISME APPLIQUÉ :
MANAGEMENT ET ÉCONOMIE

CHAPITRE 10

L'ÉCONOMIE DE LA PSYCHANALYSE

Le système de prix en psychanalyse

Après tout, la psychanalyse est un métier d'intermédiation, au même titre que l'intermédiation financière... Une intermédiation un peu particulière entre l'être humain et « sa propre altérité, à l'étranger à soi-même — autre nom pour l'inconscient »[1], rendue possible par quelqu'un, lui-même étranger, le psychanalyste.

Abordons la psychanalyse sous deux angles incontournables en économie : le contrat et le prix.

Le psychiatre Thomas Szasz appréhende le métier de thérapeute (et par extension celui de psychanalyste) à la lumière de la pratique contractuelle « ordinaire ». En effet, la notion de contrat est fondamentale chez les penseurs libéraux. Szasz a l'ambition de « poursuivre l'œuvre que Freud a commencée » et de « transformer la psychanalyse en un type de psychothérapie pleinement *contractuel.* »[2]

Un des intérêts de cette pratique est notamment de protéger le patient qui est dans une position plus faible que le thérapeute. Szasz se montre là encore totalement influencé par les idées libérales comme le prouve cet extrait :

> « En somme, si le thérapeute désire vraiment libérer le patient pour l'aider à devenir *individuellement libre*, il doit ménager une situation thérapeutique où semblable liberté pourra prendre naissance et s'épanouir. Son rôle est en cela comparable à celui du législateur. Les pères fondateurs désiraient créer une société d'hommes libres. Voulant qu'il soit possible pour les individus d'être *politiquement libres*, ils essayèrent de ménager une situation politique où une telle liberté pourrait se développer. La Constitution des États-Unis est un contrat entre le peuple américain et ses gouvernants, pour garantir la liberté politique. À cette fin, le gouvernement accepte de renoncer à certains droits traditionnels des gouvernants, tels que celui de torturer les sujets, de les faire juger en secret, et toute autre méthode destinée à maintenir l'ordre social. »

---

[1] Entretiens de JB. Pontalis avec Patrick Froté in *Cent ans après*, Gallimard, 1998, p.518
[2] *L'éthique de la psychanalyse* de Thomas Szasz, Payot, 1976, p.116

Pour Thomas Szasz, le contrat analytique « garantit au patient certains droits absents de la traditionnelle relation médecin/patient. Le patient trouve ainsi l'occasion de devenir individuellement libre et contracte l'obligation d'être responsable de sa conduite. »[3]

Bien entendu dans ce contexte Szasz ne voit donc pas « comment la thérapie contractuelle pourrait fonctionner sans que le patient paie des honoraires à l'analyste, car c'est cela qui permet avant tout au patient d'être une partie responsable, apte à négocier un contrat avec lui. »[4]

Le prix des séances est rarement abordé dans les ouvrages de psychanalyse.

Or il s'avère qu'elle repose sur un système libéral de recherche d'équilibre entre l'offre et la demande ! La psychanalyse constitue en effet un acte d'échange au même titre que l'achat d'une baguette de pain comme l'explique l'économiste Philippe Simonnot dans le chapitre « L'échange » de son manuel d'économie, *39 leçons d'économie contemporaine.*[5]

À ma connaissance, peu de psychanalystes ont cherché à expliquer le bien-fondé de ce système libéral auxquels ils restent pourtant très attachés — une petite contradiction pour tous ceux qui se situent à gauche et se réclament encore du marxisme.

L'économiste libéral expliquerait sans doute la relation analyste/analysant par l'achat par l'analysant d'une ressource rare : les trésors enfouis de son inconscient. C'est d'ailleurs comme cela que l'identifie le psychanalyste Serge Viderman en expliquant que la psychanalyse est un marché où l'analysant achète à l'analyste des interprétations :

> « Le psychanalyste est un producteur d'interprétations qui lance cette denrée sur le marché, qui trouve preneur par le moyen d'une équivalence en espèces. Sans argent pas de marché, sans argent pas de psychanalyse. Il en va de même pour les tomates. »[6]

Et il complète :

> « Il y a une logique — on s'en doutait — de la rencontre de l'analyste et de l'analysant. Chacun dispose d'une valeur que l'autre désire et l'échange se fera au point d'équilibre des deux valeurs, régi en gros par les lois du marché de la psychanalyse en un lieu et un temps donnés. Le prix de la séance d'un psychanalyste est fonction de la valeur que l'acheteur y at-

---

[3] *L'éthique de la psychanalyse* de Thomas Szasz, Payot, 1976, p.149
[4] *Ibid.*, p.196
[5] *39 leçons d'économie contemporaine* de Philippe Simonnot, Folio / Gallimard 1998, p.33
[6] *De l'argent en psychanalyse et au-delà* de Serge Viderman, PUF, 1992, p.139

tache. Cette valeur varie, comme celle de toutes les marchandises qui sont offertes sur un marché libre, soit selon des qualités à peu près objectivables (travaux reconnus par la communauté psychanalytique, etc.) soit par une habilité particulière à médiatiser son nom ou à publier son image. » [7]

Serge Viderman rappelle le mot d'humour, prêté à Lacan à propos de l'invention freudienne : « il fallait être juif pour vendre à quelqu'un sa propre parole »[8] et insiste sur la création de valeur freudienne : « une des vertus de la situation analytique c'est de faire en sorte que l'analysant produise, par le genre de discours qui lui est imposé, une plus-value de sens qui autrement ne se serait pas produite. Vue sous cet angle, l'invention de la situation analytique demeure l'invention capitale de Freud, du moins dans le sens que rien de comparable n'avait existé avant. » [9]

Et ceux qui ne peuvent pas payer ? Freud a une approche déontologique, dans l'esprit du serment d'Hippocrate. D'après Serge Viderman, « chaque analyste de Vienne se faisait un devoir de soigner deux patients à titre gratuit. » [10]

Mais Viderman relève que « la somme d'argent demandée comme prix de la séance est une simple grandeur conventionnelle. Les termes de l'échange interprétation = argent, ne peuvent pas obéir à un calcul économique valide, tant les valeurs qui s'y échangent se situent au-delà de toute appréciation objective ».[11] Il complète son raisonnement en expliquant que « dans un marché régulé par les lois imperturbables de l'offre et de la demande, le prix du bien offert et acquis se stabilisera autour d'une moyenne qui représente le point d'équilibre des échanges. Rien de tel dans l'échange analytique puisque ce marché est grevé de l'hypothèque affective du transfert qui fait que les deux parties quittent la sphère de l'objectivité marchande pour se retrouver dans un espace qui déforme les lois de l'échange au point que toute lecture économique soit devenue incongrue. » [12]

C'est ne pas avoir étudié d'autres marchés (que ce soit celui du football professionnel, du conseil en stratégie, des actions cotées en bourse et des milliers d'autres) que de croire qu'ils sont, eux, soumis à appréciation

---

[7] *Ibid.*, p.64
[8] *Ibid.*, p.134
[9] *Ibid.*
[10] *Ibid.*, p.138
[11] *Ibid.*, p.135
[12] *De l'argent en psychanalyse et au-delà* de Serge Viderman, PUF, 1992, p.154

objective ! La psychanalyse est un marché comme un autre. Le transfert n'est pas l'exclusivité du marché de la psychanalyse : ne le retrouve-t-on pas par exemple lorsqu'une entreprise rémunère les services d'un « expert » (en stratégie, en marketing, en droit ou fiscalité…) ?

L'analyse est bien rémunérée selon des notions d'économie libérale : le prix d'une séance est le « prix de marché », accepté par l'acheteur et le vendeur au moment de la transaction. À l'évidence, le prix d'une séance ne correspond pas à la valeur proprement parler du travail fourni par l'analyste mais bien au prix accepté à la fois par ce dernier et par son patient.

Nous sommes bien loin de la théorie de la valeur de Marx selon laquelle la valeur représente le travail fourni. D'une certaine manière, l'économie de la psychanalyse est une démonstration supplémentaire de l'erreur de raisonnement de Marx…

Certains détracteurs de la psychanalyse critiquent le prix élevé des séances. Les psychanalystes n'ont peut-être pas toujours trouvé les explications satisfaisantes pour le justifier… en particulier les nombreux marxisants ou assimilés qui trouvaient là peut-être un domaine qui les mettait un peu en porte à faux.

Le libéral lui peut le justifier sans difficulté. Que paie l'analysant ? Une thérapie (définition de base de la psychanalyse)… or le fait d'aller mieux mérite une juste rémunération. Il paie en même temps un « transfert » vers le psychanalyste ou peut-être l'acquisition de ressources très rares (dans le sens qu'elles sont difficilement accessibles) : en particulier les souvenirs refoulés dans l'inconscient… or ce qui est rare est cher.

Par ailleurs, en raisonnant par l'absurde, si ce n'était pas cher, cela signifierait que l'analyse a peu de valeur et ne générerait peu d'effort. Autrement dit le fait de payer une somme élevée pour moi me responsabilise et m'incite à m'investir pour travailler efficacement sur moi-même.

Enfin, les psychanalystes ayant une vision éthique de leur profession fixent le tarif de façon responsable et proportionnée. Un ancien analysant de Lacan explique ainsi le principe de fixation des prix des séances : « Plus important, tous les analystes de l'École Freudienne avait une échelle glissante qui commençait habituellement à 10 $ la séance, aussi il n'était pas question d'exclure des patients qui étaient moins solvables. » [13]

L'économiste libéral trouvera sans doute une grille de lecture intéressante pour d'autres secteurs d'activité dans l'interprétation par le psycha-

---

[13] « All analysts in the École Freudienne had a sliding scale that usually began at $10 a session, so there was no question of excluding patients who were less solvent » *Jacques Lacan, the death of an intellectual hero*, de Stuart Scheidermann, Harvard University Press 1983, p.88.

nalyste Gérard Pommier des phénomènes psychanalytiques à l'œuvre dans l'échange gratuit ou rémunéré liée à une séance. D'après lui, « toute pratique gratuite aura sa contrepartie, la moindre étant son effet normatif, puisque l'analysant cherchera à payer d'une manière ou d'une autre, et s'il ne peut pas le faire grâce à l'argent, il sera tenté de s'aligner sur les idéaux supposés de celui qui a la bonté de s'offrir ainsi en pâture. La rétribution de la séance ne donne pas seulement sa valeur à un acte dont il est normal qu'il soit rémunéré, elle a une caractéristique qui échappe à la valeur d'échange ordinaire à l'argent. En effet, comme ce n'est rien de moins que son identité que l'analysant met en jeu en se montrant agressif, le paiement a l'avantage de le lui permettre sans contrepartie symptomatique supplémentaire. »

Et Gérard Pommier ajoute : « De ce point de vue, le paiement de la séance ne représente pas seulement le symbole le plus neutre de la valeur. Il possède effectivement une valeur symbolique, celle de vectorialiser le dispositif, en indiquant que c'est l'analysant qui jouit de l'analyste, et non le contraire. » [14] Bref, l'analysant / client est le roi ! Ce qu'aucun économiste libéral ne viendra contredire.

L'économiste pourra par exemple appliquer cette analyse aux prestations remboursées par l'État qui entraînent une moindre responsabilité du bénéficiaire.

Françoise Dolto, spécialiste de la psychanalyse pour enfants, tenait elle-même à faire payer un prix symbolique à ses patients. Elle demandait un caillou, un timbre ou un ticket de métro à ses jeunes patients pour que ceux-ci démontrent leur désir de suivre un traitement.

Remarquons enfin que le marché de la psychanalyse connaît des phénomènes de hausse ou de baisse, que l'on retrouve dans tous les secteurs économiques… Ainsi Freud fit payer ses analyses de plus en plus chères à Vienne dans les années 30. Lacan qui connut un grand succès en France appliquera des tarifs de plus en plus élevés ; ses défenseurs expliquent néanmoins qu'il n'exploitait en général « que les riches ou ceux qui veulent bien se laisser exploiter ». [15]

Psychanalyse et propriété intellectuelle

Comme nous l'avons déjà évoqué, les psychanalystes marxisants ou freudo-marxistes rejettent l' « avoir ». Insistons sur le paradoxe suivant.

---

[14] In *L'amour à l'Envers, essai sur le transfert en psychanalyse*, PUF, 1995, p.43
[15] *Histoire de la psychanalyse en France*, Tome 2, d'Élisabeth Roudinesco, Fayard, 1994, p.427

Beaucoup de psychanalystes écrivent des ouvrages de réflexion, théoriques ou pratiques. Ils y tiennent énormément car ces ouvrages viennent concrétiser le travail qu'ils peuvent accomplir au quotidien dans leur cabinet (qui est une production immédiate et intangible comme dans toute industrie des services) mais aussi parce que c'est un moyen de dire : « j'existe, voilà le fruit de mon travail intellectuel ». Leur nom est écrit en gras en haut de l'ouvrage. En cas de succès, cela constitue de plus un complément de revenus non négligeable.

Ces psychanalystes se montrent ainsi de facto favorables à la propriété intellectuelle ! Hayek avait d'ailleurs identifié ce paradoxe en relevant que « les intellectuels mêmes qui sont en général enclins à remettre en cause les formes de propriété matérielle qui sont indispensables à l'organisation efficace des moyens matériels de production sont en effet devenus les défenseurs les plus enthousiastes de certains droits de propriété immatérielle (…) tels ceux concernant la production littéraire ». [16]

L'économiste américain contemporain de tendance « autrichienne », Israël Kirzner (né en 1930) a consacré des écrits au droit de propriété intellectuelle en expliquant en substance que « ce qu'un individu crée ou découvre grâce à son imagination personnelle ou sa vigilance intellectuelle lui appartient exclusivement (principe du « finder – keeper ») puisque sans ses efforts, cela n'existerait pas et les autres ne pourraient même pas en bénéficier indirectement ». [17]

Les psychanalystes, dont finalement la seule trace matérielle concrète de leurs recherches et travaux repose sur leurs ouvrages, ne se reconnaissent-ils pas dans une telle approche et conception de la propriété de soi et de ses idées ?

La psychanalyse et l'intervention de l'État

En 1927, Freud écrivit *La Question de l'analyse profane* où il disserte sur l'analyse pratiquée par des non médecins ; il y condamnait l'intervention manquant de rigueur notamment des autorités autrichiennes qui essayaient de réglementer l'exercice de la psychanalyse.

Il y aborda une question toute libérale : « l'exercice de la psychanalyse est-il un objet qui doit être soumis à l'intervention des pouvoirs

---

[16] *La présomption fatale* de Fridrich A. Hayek, 1988, PUF, Libre Echange, p.52
[17] *La philosophie libérale* d'Alain Laurent, Les Belles Lettres, 2002, p.80

publics, ou est-il plus approprié de l'abandonner à son développement naturel ? » [18]

Les arguments avancés par Freud sont on ne peut plus limpides.

> « Il règne dans notre patrie, depuis toujours, une vraie *furor prohibendi*, un penchant à mettre en tutelle, à intervenir et à interdire, qui, comme nous le savons tous, n'a pas précisément porté de bons fruits (…) J'estime qu'un excès d'ordonnances et d'interdictions nuit à l'autorité de la loi. C'est un fait d'observation : là où il n'existe que peu d'interdictions, on éprouve expressément la tentation de passer outre. Il y a plus ; on n'est pas pour autant un anarchiste parce qu'on est prêt à reconnaître que, en fonction de leur provenance, les lois et ordonnances ne peuvent prétendre avoir un caractère sacré et inviolable ; qu'elles sont souvent dans leur contenu déficientes et propres à violer notre sentiment de justice, ou du moins qu'elles le seront après un certain temps, et que devant la lourdeur des personnes qui dirigent la société, on n'a souvent pas d'autre moyen pour corriger des lois aussi inappropriées que de les transgresser allègrement. Par ailleurs, il est à conseiller, si l'on veut maintenir le respect des lois et des ordonnances, de n'en promulguer aucune dont l'observance et la transgression seront difficiles à surveiller. » [19]

De tels propos ne seraient-ils pas qualifiés de libéraux ?

Freud en vient même à utiliser l'argument du *laisser-faire* (mot qu'il écrit en français) : « Ce qui me semble parler en faveur d'une politique du laisser-faire, j'en ai déjà rassemblé les arguments ». [20] C'est peut-être dans la lecture d'Adam Smith que Freud trouva l'inspiration de ses propos. Il avait en effet un jour qualifié l'ouvrage de celui-ci sur la richesse des nations de « fondamental »[21]…

Cette prise de position s'inscrivait dans le débat relatif à la question de l'exercice du métier de psychanalyste sans être médecin. Le pionnier de la psychanalyse « profane » aux États-Unis, Abraham Brill désapprouvait en effet la psychanalyse quand elle était pratiquée par des non-médecins. [22] Une loi fut même votée dans l'État de New York, à son instigation, pour interdire l'exercice de la psychanalyse à des ces derniers. Freud, lui-même médecin, prend le contre-pied en prônant l'analyse profane, à condition toutefois qu'elle soit exercée par des gens

---

[18] *La Question de l'analyse profane* (1926) de Sigmund Freud, *Œuvres complètes*, PUF, 1994, volume XVIII, pp.61-62
[19] *Ibid.* pp.62-63
[20] *Ibid.*, p.65
[21] *Lettres de jeunesses de Sigmund Freud*, Lettre à Eduard Silberstein d'août 1879, Gallimard, 1990, p.215
[22] In *Histoires secrètes de la psychanalyse* de Gérard Badou, Albin Michel, 1997, p.57

suffisamment formés à l'analyse. En fait, il se méfie des imposteurs se rendant à Vienne pour passer quelques heures sur le divan et repartir avec un brevet de psychanalyse freudienne.

Alors certains diront que les positions de Freud ont été guidées par son irritation vis-à-vis de ceux qui s'arrogeaient le droit de légiférer et s'appropriaient ses théories.

Au fond peu importe, Freud prône une solution ouverte, un marché libre et non régulé pour la pratique de son métier. Il cherche, comme insiste Ernest Jones, « à donner à la psychanalyse une perspective plus large que celle qu'on pouvait attendre des seuls médecins ». [23]

Des décennies plus tard, le débat est toujours d'actualité en France !

Il est surprenant de constater que les « progressistes » de tout poil ne se soient pas posé les questions suivantes, logiques pour des hommes de gauche :

- n'y a-t-il pas lieu de développer, en matière de pratique de la psychanalyse, un véritable service public à la française, « gratuit » pour l'usager ?
- un budget dépendant à la fois du Ministère de la Santé et de celui de la Culture ne devrait-il pas y être consacré ?
- ne faut-il pas créer un diplôme d'État de psychanalyse, seul reconnu pour être autorisé à exercer le métier ?

En fait, ce n'est pas si étonnant. Quand il s'agit de sa propre activité, l'homme fait preuve de bon sens... et sent bien quel est le meilleur contexte pour la faire prospérer : l'entreprise privée avec une intervention des pouvoirs publics réduite. Oubliée alors la culture politique et les idéaux de gauche (égalité, justice sociale...). Freud l'avait bien compris.

L'épisode de l'arrivée de la gauche au pouvoir en 1981 illustre concrètement ce paradoxe. Certes, les nombreux psychanalystes de gauche se réjouissent de ce moment tant désiré. Et pourtant, une angoisse les prend soudainement à la gorge... Et si l'État socialo-communiste se mettait à se mêler un peu trop des affaires de la psychanalyse ?

Voici comment l'historienne Élisabeth Roudinesco raconte cette histoire. « Éparpillés dans la nature et déjà orphelins d'un père dont ils se sont sentis dépossédés, les lacaniens sont les premiers, avant même la mort du maître, à brandir l'épouvantail d'un « statut de la psychanalyse ». Puis vers octobre 1981, ils sont imités par leurs collègues des autres institutions, qui imaginent que le gouvernement socialiste cherche à les manger tout crus en leur concoctant une reconnaissance qui passerait obliga-

---

[23] *La Vie et l'œuvre de Sigmund Freud* (1957), Tome 3 : Les dernières années, PUF, 1969, p.328

toirement par l'adhésion à une association et par l'obtention de diplômes. La présence au sommet de l'État d'un ministre de la Santé communiste, la transformation de la situation des psychiatres et les problèmes liés au paiement obligatoire de la TVA pour les thérapeutes non-médecins et non-psychologues alimentent aussitôt cette extravagante rumeur. (…) Une confusion s'opère entre des problèmes réels de fiscalité et des phénomènes hallucinatoires. Cette confusion risque d'ailleurs d'entraîner les associations psychanalytiques à devancer les demandes imaginaires d'un État identifié comme à un ogre et à réclamer elles-mêmes l'octroi d'un statut. » [24]

Tout en conservant un vocabulaire psychanalytique, nous allons voir que les psychanalystes français trouvent des accents fort libéraux pour évoquer l'exercice de leur métier, sa fiscalité ou l'intervention de l'État !

Nous effectuerons cette démonstration grâce à des extraits d'entretiens de plusieurs psychanalystes français de référence regroupés dans l'ouvrage paru en 1997 : *Cent ans après*. Or si leurs analyses présentent des divergences sur le plan théorique, elles sont concordantes dès qu'il s'agit de parler du rôle de l'État.

C'est par exemple le cas du psychanalyste de référence[25], Jean Laplanche (1924-2012), pourtant plutôt marqué à gauche (jeunesse trotskiste[26]…) qui indique :

> « Il est bien évident qu'à partir du moment où un État payera pour des psychanalystes, il aura le 'mauvais goût', si j'ose dire, de demander qu'en plus de ça, on lui amène des résultats ! Il ne va quand même pas payer pour rien ! À ce moment-là, la psychanalyse se trouve complètement prise dans un système où les buts de traitement deviennent les buts de société. Or les buts du traitement psychanalytique (…) ne sont pas les buts de la société. (…) Un traitement qui serait payé en tant que tel par la société, c'est un peu comme si la société était dans la salle d'attente et attendait qu'on lui rende son patient bien guéri ». (…) Ce qui implique également un contrôle sur la formation des analystes, parce que l'État dira évidemment : 'Si vous faites ce genre de traitement que vous appelez psychanalyse, il faut bien me dire comment vous êtes formés !' (…) J'estime qu'il y a là la mort de la psychanalyse ! » [27]

---

[24] *Histoire de la psychanalyse en France*, Tome 2, d'Élisabeth Roudinesco, Fayard, 1994, p.686
[25] Co-auteur avec J.B. Pontalis du *Vocabulaire de la psychanalyse*, PUF, 1967
[26] *Ibid.*, p.629
[27] Entretiens avec Patrick Froté in *Cent ans après*, Gallimard, 1998, pp.214-215

Même discours chez Jean-Bertrand Pontalis (1924 - 2013), lui aussi un psychanalyste de référence en France qui craint une mainmise croissante des pouvoirs publics : « Les exigences de l'analyse ne sont pas les mêmes que celles de l'État et de la société. (…) Les pouvoirs publics qui prétendent représenter la société civile visent de plus en plus une rentabilité qui doit pouvoir se mesurer : objectif, résultat, coût. (…) Je dis que nos représentants n'ont que faire de nos conflits intérieurs, de notre folie privée, de notre incapacité à rêver, à aimer, de la douleur psychique qui demeure le plus souvent secrète… Je dis que la psychanalyse doit résister (…) à cette formidable pression sociale, qu'il lui appartient de préserver un espace et un temps qui échappent à l'emprise du collectif. »[28]

Le psychanalyste Jean-Luc Donnet défend lui aussi le système de régulation dû à la concurrence et non à l'État, notamment en ce qui concerne la formation : « l'institution peut à peu près répondre, de l'intérieur et pour l'extérieur, de la compétence de ses membres. Ceux qu'elle refuse restent libres : de renoncer, de se faire psychanalystes non-inscrits, autohabilités, ou de se présenter à une autre institution — recours salubre du pluralisme. »[29] Il rappelle que cette approche est conforme au souhait de Freud.

Un autre psychanalyste, Jean-Paul Valabrega (1922-2011) s'inquiète du déclin, d'une désaffection pour la psychanalyse. Une des causes de cette récession est sociologique. Elle est selon lui due à l'État-providence, qui « aboutit à donner à tout malade — physique ou psychique — la position et le statut d'assisté ». Partant, cela favorise soit un assistanat permanent ou cela entraîne chez les malades « une exigence de plus en plus pressante de traitements immédiatement efficaces, donc à fortes doses, centrés sur les symptômes, rapides et gratuits. La psychanalyse, elle, n'a évidemment plus rien à voir avec de telles demandes à l'échelle collective, bien qu'elle ait été la première à déceler les « bénéfices secondaires » — et parfois primaires — de la maladie. »[30] Le parallèle est saisissant avec par exemple les politiques visant à réduire le chômage de masse. L'étatiste, qu'il soit socialiste ou de droite, préfère le traitement de choc, facile à administrer (le soutien par les subventions par exemple), quand l'économiste libéral préfère laisser faire le marché et la « destruction créatrice » pour reprendre la célèbre formule de Joseph Schumpeter.

---

[28] *Ibid.*, p.533
[29] *Ibid.*, p.381
[30] Entretiens avec Patrick Froté in *Cent ans après*, Gallimard, 1998, p.395

Jean-Paul Valabrega prône, en matière d'institution pour la psychanalyse, une formule que l'on peut qualifier de libérale, à savoir « la règle du minimum institutionnel », mettant en parallèle la formule de Churchill (« La démocratie est le pire des régimes à l'exception de tous les autres ») et cette réponse de Freud à une mère lui demandant un conseil : « Faites comme vous voudrez, madame, et vous ferez mal. »[31] Il complète ainsi sa vision en indiquant qu'il est « catégoriquement opposé » à une intervention de l'État, quelle que soit sa forme dans la psychanalyse. Selon lui, cela serait « une ingérence, voire une violation dans ce qu'il y a de plus privé, de plus intime dans la vie et l'histoire de quelqu'un, et qui devrait au contraire, à ce titre, être protégé et garanti par le secret absolu. »[32]

Les abus de la bureaucratie appliqués à la psychanalyse ? Ils existent bien évidemment. Citons cette anecdote rapportée par la psychanalyste Joyce Mc Dougall : « les médecins de la Sécurité sociale ne comprennent pas toujours ce qu'une psychanalyse veut dire. J'avais en supervision un jeune analyste dont le patient était totalement remboursé par la Sécurité sociale, mais il devait tous les trois mois se soumettre à un contrôle médical particulier : on le pesait et on lui prenait ses mensurations. »[33]

L'épisode de l'amendement Accoyer du 8 octobre 2003

L'épisode de l'amendement Accoyer, adopté par l'Assemblée nationale le 8 octobre 2003, est un exemple récent du libéralisme (ignoré) des psychanalystes français, qui s'exerce dès qu'il y a une tentative d'atteinte à la liberté d'exercice de leur profession et sans jamais utiliser bien entendu une terminologie en rapport avec le libéralisme.

Depuis des années, le député gaulliste, médecin et ORL de profession, Bernard Accoyer cherchait à encadrer les psychothérapies, pour éviter que la psychothérapie puisse être exercée par n'importe qui, en mettant en place des listes d'experts désignés par les pouvoirs publics, titulaires de diplômes de psychiatrie, de médecine ou de psychologie, pour *"évaluer"* la pratique de ceux qui se déclarent psychothérapeutes.

Dans un premier temps, il était prévu que la psychanalyse soit incluse dans le champ des psychothérapies et donc de l'amendement.

---

[31] *Ibid.*, p.417
[32] *Ibid.*, p.440
[33] *Ibid.*, p.482

Compte tenu de la levée de bouclier des psychanalystes et intellectuels, le député décida finalement de proposer aux sénateurs de sortir la
psychanalyse du champ de son amendement, et de limiter celui-ci à la
réglementation des « psychothérapies lourdes ».

Pourquoi ce lobbying de la profession ? Parce qu'elle craignait que
l'amendement Accoyer remette en cause sa liberté et le non-interventionnisme de l'État.

La grande majorité de la profession s'inscrit dans le droit fil de
« l'analyse profane », voulue par Freud, visant à ne pas limiter son exercice par les seuls médecins.

Elle reste attachée et fière de son système de formation, encadré par
les différentes institutions (privées) en place, qui s'auto-forment et
s'auto-contrôlent, sans la contrainte de la tutelle étatique.

En pointe du combat contre l'amendement Accoyer, on retrouve de
grandes figures de gauche comme Jacques-Alain Miller, qui pourtant était
dans les années 60-70 l'un des piliers du freudo-marxisme en France ou
d'Élisabeth Roudinesco, psychanalyste et historienne de la psychanalyse,
dénonçant les « faux-semblants » de l'amendement et les risques de querelles entre différents experts.

Bernard-Henri Lévy soutint cette cause et résume bien les craintes
soulevées à cette occasion dans son « bloc-notes » du *Point* du 21 novembre 2003 intitulé « Avec Freud et Lacan, pour les Lumières ». Il y
défend la qualité de la formation dispensée par les différentes écoles de
psychanalyse : « faut-il répéter aux étourdis que les écoles analytiques ont
toutes leurs disciplines et leurs procédures de validation, leurs techniques
d'évaluation affinées par des décennies d'écoute et de parole, leurs analyses didactiques, leurs séminaires, leurs stages cliniques, leurs contrô-
les ? » et pourfend l'obscurantisme et la régression de ces gens qui rêvent
« d'une planification rigide d'un « champ de la santé mentale » où régne-
raient des « coordinateurs régionaux » qui seraient autant de superpréfets
de l'âme chargés de dresser des listes de professionnels agréés, d'établir
et de comparer des statistiques, de contrôler la durée moyenne des
cures ».

Mais si ces raisonnements paraissent plein de bon sens pour la
pratique psychanalytique, activité au combien sensible et complexe,
pourquoi ne seraient-ils pas également valides pour tous les domaines
où les gens se plaignent de l'envahissement et de l'hégémonisme de la
puissance étatique : économie et commerce bien entendu, mais aussi
santé ou éducation ?

Conclusion

C'est en comprenant la micro-économie, autrement dit en étudiant les échanges au niveau le plus proche du terrain, que l'on appréhende le mieux les phénomènes économiques et que l'on devient libéral ! Le penseur libéral pourrait ainsi utiliser l'exemple de la psychanalyse pour illustrer la réussite d'un secteur non soumis à la tutelle étatique et capable de se réguler lui-même.

Oui, le marché de la psychanalyse est un marché comme un autre et les psychanalystes sont d'authentiques libéraux quand il s'agit de défendre la non-intervention de l'état dans leur profession !

CHAPITRE 11

PSYCHANALYSE ET MANAGEMENT

Alors que la psychanalyse n'est guère présente chez les auteurs libéraux, elle occupe en revanche une place de choix parmi les sciences et techniques du management des entreprises et des organisations, côtoyant ainsi l'art de la stratégie, les sciences de l'organisation, la finance, la comptabilité ou le marketing. Les Grandes Écoles comportent assez fréquemment, au sein de leur département ressources humaines, des chaires consacrées à des thématiques reliant psychanalyse et management, animées par des professeurs ayant une expertise dans le domaine de la psychanalyse. Passons en revue quelques exemples d'application de la psychanalyse au monde de l'entreprise.

La psychanalyse et la création d'entreprise

Freud a voué une grande admiration à l'art et aux artistes et y consacra un certain nombre d'écrits :

> « L'artiste est un introverti qui frise la névrose. Animé d'impulsions et de tendances extrêmement fortes, il voudrait conquérir honneurs, puissances, richesses, gloire et amour des femmes. Mais les moyens lui manquent de se procurer ses satisfactions. C'est pourquoi, comme tout homme insatisfait, il se détourne de la réalité et concentre tout son intérêt et aussi sa libido, sur les désirs créés par sa vie imaginative, ce qui peut le conduire facilement à la névrose. » [1]

Ou encore :

> « Les artistes sont dotés d'une puissante capacité de sublimation et possèdent une certaine flexibilité dans leurs refoulements ».

Selon Freud, la créativité des artistes est générée par des fantasmes enfouis dans l'inconscient. [2]

D'après Ernest Jones « Freud entrevit la fonction sociale de l'art en tant que compensation pour les diverses et inévitables insatisfactions de

---

[1] Sigmund Freud dans « Introduction à la psychanalyse ».
[2] Cité par Ernest Jones dans *La vie et l'œuvre de Sigmund Freud*, Tome 3, Les dernières années, PUF, 1969, p.467

l'existence. L'artiste découvre un chemin indirect qui le mène du fantasme à la réalité » et Jones cite Freud : « Mais il peut l'atteindre seulement parce que d'autres hommes ressentent la même insatisfaction que lui devant les renoncements imposés par la réalité et parce que cette insatisfaction qui résulte du remplacement du principe de plaisir par le principe de réalité fait elle-même partie de la réalité. »[3]

Par la suite, beaucoup de disciples du créateur de la psychanalyse continuèrent à s'intéresser à la création artistique, notamment à la peinture ou à la littérature, sans doute parce que les artistes, plus que les autres, venaient les consulter comme l'observe la psychanalyste Joyce Mc Dougall : « Il se trouve que j'ai toujours trouvé chez mes patients un nombre d'individus créatifs : acteurs, écrivains, musiciens, artistes peintres... Ces analysants cherchent surtout à découvrir la raison des blocages dans leur créativité. »[4]

Mais aucun ne s'intéressa à la création d'entreprise, du moins jusqu'à l'intégration progressive de psychologues et psychanalystes dans les écoles de management.

Une fois de plus, l'explication de ce désintérêt est simple. De nombreux psychanalystes étaient plutôt à gauche et donc peu enclins à se pencher sur la psychogénèse de la création d'entreprise. Par ailleurs, la plupart se désintéressaient tout simplement de l'économie et de la micro-économie. Leur propre intérêt pour les sciences humaines et souvent pour l'écriture les poussait avant tout à s'intéresser et à rencontrer des hommes et des femmes issus des milieux artistiques. Il est également probable que ces derniers étaient plus enclins à franchir le pas des cabinets des psychanalystes que des chefs d'entreprise obnubilés par leur souci de gestion.

Pourtant, la création d'entreprise peut répondre aux mêmes mystères que la création artistique. D'ailleurs, la création d'entreprise ne se confond-elle pas en pratique avec celle-ci lorsqu'il s'agit de design, de haute couture, de production cinématographique (notamment lorsqu'un metteur en scène est son propre producteur) ou depuis l'avènement de l'iphone en 2007, de création d'applications pour smartphones ?

Mais le mépris pour le commerce, la défiance envers la monnaie et la finance et tout simplement l'ignorance économique des intellectuels ont détourné les créateurs d'entreprise de leurs regards.

---

[3] *La Vie et l'œuvre de Sigmund Freud*, Tome 3, Les dernières années, PUF, 1969, p.475
[4] Entretiens avec Patrick Froté in *Cent ans après*, Gallimard, 1998, p.479

C'est dommage, car ils auraient découvert les nombreux points communs entre ces créateurs preneurs de risques. Il n'y a aucune différence entre le peintre qui risque de rester dans l'ombre ou de devenir célèbre après sa mort, et le créateur d'entreprise qui risque très souvent de ne pas trouver de marché à sa portée et donc la faillite.

Quant aux motivations inconscientes du créateur d'entreprise, là aussi, il y a des points communs. Il s'agit souvent de sublimation : « Le terme sublimation, introduit par Freud en psychanalyse, évoque à la fois le terme de sublime, employé notamment dans le domaine des beaux-arts pour désigner une production suggérant la grandeur, l'élévation, et le terme de sublimation utilisé en chimie pour désigner le procédé qui fait passer un corps directement de l'état solide à l'état gazeux. Freud, tout au long de son œuvre, recourt à la notion économique et dynamique, de certains types d'activités soutenues par un désir qui ne vise pas, de façon manifeste, un but sexuel : par exemple, création artistique, investigation intellectuelle, et en général, activités auxquelles une société donnée accorde une grande valeur. C'est dans une transformation des pulsions sexuelles que Freud cherche le ressort dernier de ces comportements. » [5]

On le voit clairement, cette définition met en avant la création artistique et l'activité intellectuelle. Ignorés totalement les entrepreneurs qui créent une société et choisissent comme nom de marque même leurs propres noms (Bertrand Faure, Yves Saint Laurent, Peugeot, Dassault, Bloomberg, Dell, etc...) et qui sont peut-être portés par des ressorts psychanalytiques similaires.

Aujourd'hui, il suffit de feuilleter la prestigieuse revue de Harvard, la *Harvard Business Review* pour constater la richesse de l'apport de la psychanalyse à la compréhension de la création d'entreprise ou du leadership.

Pour l'anecdote, notons qu'il serait facile de faire un parallèle entre création d'entreprise et création de la psychanalyse ! Citons par exemple les propos du Professeur Paul-Laurent Assoun, dans son manuel *Psychanalyse* : « *La psychanalyse est ma création* déclare Freud lors de sa première présentation officielle de la psychanalyse — ce qui fait de son nom le nom propre... de la psychanalyse. C'en est la *signature*, que l'intéressé a toujours placé, avec modestie, en apposition à la psychanalyse, dans le souci d'effacer sa personne derrière son *produit*. » [6] Le déve-

---

[5] *Vocabulaire de la psychanalyse* de J. Laplanche et J.B. Pontalis, PUF, Quadrige, 1997, p.465
[6] *Psychanalyse* de Paul-Laurent Assoun, PUF, 1997, p.43

loppement international de la psychanalyse, par l'intermédiaire de l'Association IPA (International Psychoanalytical Association), créée par Freud et ses amis dès 1908, n'était pas si éloigné dans l'approche de celui d'une « multinationale » qui veille à avoir la parfaite maîtrise de ses exportations.

Il serait probablement possible d'écrire un livre entier sur la « success story » de la psychanalyse comme s'il s'agissait de décrire la réussite d'une marque devenue mondiale, au même titre que Coca Cola ou Microsoft. On y démontrerait par exemple comment l'innovation a permis sans cesse à la « gamme » de produits de se renouveler. La psychothérapie de groupe, de couples, familiale, sont autant de « produits dérivés » qui s'inspirent de la psychanalyse et continuent à perpétuer son esprit.

Quant à la morale de l'artiste, placé par beaucoup sur un piédestal, et que l'on pourrait opposer aux motivations purement vénales des entrepreneurs, la journaliste, Judith Benhamou-Huet, spécialiste du marché de l'art, a publié une enquête sur le rapport à l'argent des artistes dans l'histoire : « Les artistes ont toujours aimé l'argent ». [7] On y découvre de nombreux artistes aimant l'argent : Rubens, Le Titien, Canaletto, Monet, Picasso, Magritte et bien évidemment des artistes contemporains. Comme le dit Judith Benhamou-Huet dans son préambule :

> « Il s'agit d'immenses artistes. Cela dit, l'histoire de l'art prouve par ailleurs que d'autres, bien moins talentueux, ont fait beaucoup d'argent aussi. Le marché de l'art ne donne pas le verdict de la qualité. Un artiste peut être bon ou médiocre et avoir du succès ou ne pas en avoir. L'injustice des hommes peut aussi sévir dans ce domaine sensible qu'est la création ? »

La psychanalyse et le leadership

Un certain nombre de consultants en entreprise ont recours à la psychanalyse pour améliorer l'efficacité de leurs clients. Bien entendu le thème de la psychanalyse appliquée aux organisations sociales n'est pas nouveau et Freud s'y était appliqué dans *Psychologie des masses et analyse du moi* (1921). Des études avaient été menées sur le thème de la psychanalyse et de l'entreprise dans les années quarante par les chercheurs de Tavistock Institute au Royaume-Uni.

---

[7] *Les artistes ont toujours aimé l'argent* de Judith Benhamou-Huet, Grasset, 2012

À quoi peut servir la psychanalyse appliquée au monde de l'entreprise ? Elle permet d'éclairer ses ressorts cachés, venant ainsi compléter d'autres approches (sociologie, histoire, ethnologie…). Elle permet d'aller à la recherche de ses mythes fondateurs, de faire ressurgir la part de l'inconscient individuel et collectif dans le fonctionnement de l'organisation. Après tout, les salariés, qu'ils soient simples collaborateurs ou cadres dirigeants, ne laissent pas leurs névroses et obsessions chez eux, à la maison, avant de partir au travail !

Elle est également utile pour les hommes et les femmes qui travaillent dans les entreprises, dirigeant(e)s ou salarié(e)s.

Malheureusement, les fondamentaux de la psychanalyse ne sont pas toujours enseignés, si ce n'est dans certaines grandes écoles. C'est le cas par exemple d'HEC en France avec le professeur de psychosociologie des organisations Gilles Amado-Fischgrund, qui a mené des activités de recherche, d'enseignement et de consulting dans les domaines de la dynamique des groupes, du leadership, du changement organisationnel, des dimensions culturelles du management, des applications de la psychanalyse à la compréhension du fonctionnement organisationnel.

C'est également le cas du professeur d'origine néerlandaise Manfred F.R. Kets de Vries, professeur de management et de leadership au sein du prestigieux MBA européen, l'INSEAD.

Dans une interview intitulée *Putting Leaders on the couch* (« Mettre les leaders sur le divan ») publié dans un numéro spécial consacré au leadership (*Inside the Mind of the Leader* : à l'intérieur du cerveau du leader) de janvier 2004 de la très célèbre Harvard Business Review, le professeur, auteur d'une vingtaine d'ouvrages sur la psychologie des leaders et sur les organisations, insiste sur l'importance de l'intelligence émotionnelle.

En effet, lui-même psychanalyste, il a pratiqué l'analyse sur plusieurs chefs d'entreprise. Il regrette d'ailleurs que Freud qui n'était pas intéressé par le monde des affaires, ne l'ait jamais étudié…

De Vries a observé que les leaders aiment à penser qu'ils contrôlent totalement la situation. Ils se sentent insultés d'entendre que certaines choses dans leurs esprits sont inconscientes. Les besoins de la personnalité non rationnelle des décideurs peuvent sérieusement affecter leurs modes de management. À titre d'exemple, en travaillant avec des PDG, il a pu constater qu'un certain nombre d'entre eux cherchaient à compenser des blessures narcissiques, infligées dans leur enfance par des parents trop distants ou trop indulgents.

S'agissant des collaborateurs qui acceptent de suivre les leaders, il considère que cela provient des transferts (à l'instar des analysants vis-à-vis de leurs analystes).

D'après lui, l'entreprise peut rapidement tendre vers un univers concentrationnaire, tant elle peut devenir un lieu politique et peu sûr, où les collaborateurs sont vulnérables. Un cadre ne lui dit-il pas un jour : « Chaque jour je me promène dans mon entreprise et je peux rendre les vies de 10 000 personnes complètement insupportable en ne faisant pratiquement rien ». Pourquoi ne se dirait-il pas à la place : « En ne faisant pratiquement rien, je peux rendre les vies de 10 000 personnes plus faciles » ? Son espoir, en aidant des leaders à devenir un peu plus *self-reflective*, est de rendre leurs organisations un peu moins concentrationnaires...

Pour lui, les leaders sains peuvent vivre avec intensité. Ils sont très talentueux dans leur auto-observation et leur auto-analyse. Ils passent du temps à réfléchir sur eux-mêmes. Ils ont la capacité à établir et maintenir des relations. Il espère aussi qu'on puisse accepter qu'on ait besoin d'un peu de folie chez nos leaders parce qu'il considère que ceux qui acceptent la folie en eux-mêmes peuvent être les leaders les plus sains (*healthy*).

Un des ouvrages fondamentaux en management des années 90 fut le livre publié en 1995 : *Emotional Intelligence Why It Can Matter More Than IQ* (l'intelligence émotionnelle, pourquoi elle peut compter plus que le QI) de Daniel Goleman, psychologue et consultant. Selon lui, l'intelligence émotionnelle est plus importante que le quotient intellectuel ou les qualités techniques pour réussir dans le monde de l'entreprise. Or les cinq composantes de cette intelligence émotionnelle sont les suivantes :

- la conscience de soi,
- l'auto-régulation,
- la motivation,
- l'empathie,
- la compétence relationnelle.

Nous ne sommes pas loin de l'ego-psychology. Et la psychanalyse apparaît alors comme un des moyens peut-être le moins superficiel et le plus exigeant de parvenir à développer de manière profonde cette intelligence « émotionnelle ».

La mode du coaching

En formation continue, ce sont des concepts simples, voire parfois simplificateurs, qui sont étudiés comme l'analyse transactionnelle. Les séminaires de dynamique de groupe sont fréquemment animés par des individus qui n'ont pas forcément réglé leurs propres problèmes et qui, dans un contexte de pouvoir (formateur / formés), utilisent une position dominante susceptible de conduire à des phénomènes de déstabilisation, de manipulation ou de régression, parfois mal vécus par les stagiaires.

La dernière mode que l'on pourrait qualifier de produit dérivé de la psychanalyse est le *coaching*. Destiné en premier lieu aux dirigeants, il leur permet à l'aide d'un « coach » de prendre du recul sur eux-mêmes, de dépasser leurs inhibitions pour devenir plus performants ou résoudre des difficultés relationnelles.

Cette approche nouvelle semble connaître un certain succès et il faudra faire un bilan d'ici quelques années pour voir si cette mode devient une méthode de progrès réelle et sérieuse. Notons les risques qu'elle comporte si le « coach » s'aventure sur le terrain psychanalytique sans réelle connaissance ou si l'individu « coaché » n'est pas volontaire dans la démarche mais subit les décisions d'une direction des ressources humaines envahissante.

La psychanalyse au service du marketing

Le marketing est souvent présenté comme la science du marché. « C'est l'ensemble des moyens dont disposent les entreprises en vue de créer, de conserver et de développer leurs marchés ou, si l'on préfère, leurs clientèles. »[8] Pour ma part, j'aime bien expliquer que le marketing est l'art de provoquer et de perpétuer l'échange ; ce qui permet d'établir le lien entre cette composante de la micro-économie et l'économie du libre-échange.

Or s'il est un secteur de l'entreprise où le recours à la psychanalyse, ou plus précisément à ses théories, est utile c'est bien le marketing. Appréhender les ressorts inconscients de l'individu, ses fantasmes ou ses tabous... permet au responsable marketing d'avoir des éléments d'analyse fort utiles.

En effet, comme l'explique Bernard Dubois, qui fut un grand professeur de marketing à HEC : « L'influence de l'approche freudienne sur le

---

[8] In *Mercator. Théorie et pratique du marketing* de Lendrevie, Lindon, Laufer, Dalloz 1982, p.2

marketing et la publicité a été considérable à la fois au plan de vue des idées et à celui des méthodes. Sur le terrain commercial, le grand mérite de la théorie freudienne de la motivation est de mettre en relief la dimension symbolique et non pas seulement fonctionnelle de la consommation. On n'achète pas un produit seulement pour ce qu'il fait mais aussi pour ce qu'il signifie, de par sa forme, sa couleur, son nom ». [9] Par exemple, chacun sait que certaines publicités n'hésitent pas à recourir à la symbolique sexuelle aussi bien à la télévision ou en affichage.

La psychanalyse au service de la finance de marché

Il existe de multiples méthodes d'investissement en bourse : de la connaissance en profondeur de l'entreprise-cible à l'analyse technique qui consiste à tenter de prévoir l'avenir à partir de l'analyse statistique des performances passées de la valeur.

Mais les investisseurs boursiers ajoutent une corde à leur arc : la prise en compte du facteur psychologique des autres investisseurs (acheteurs et vendeurs).

En fait, les théories de phénomènes de foule, décrites dans *Psychologie des Foules* de Gustave Le Bon et reprises par Freud dans *Psychologie des Masses et analyse du moi* méritent une attention toute particulière de la part des investisseurs boursiers.

Ainsi, le phénomène de « bulle », constaté en 2000 avec l'éclatement de la « bulle Internet » en est une illustration éclatante puisqu'on constate que la foule peut se mettre à suivre aveuglément les affirmations de leaders d'opinion, et que même les experts (analystes financiers, journalistes…) se laissent entraîner sur cette voie.

Conclusion

Les psychanalystes purs et durs considèreront qu'il s'agit de récupération. Mais c'est ainsi. La psychanalyse trouve des débouchés nombreux dans le monde de l'économie et de l'entreprise, l'entreprise qui est la matrice du capitalisme et donc se trouve au cœur de la réflexion libérale. Une preuve supplémentaire de la forte interaction entre psychanalyse et libéralisme.

Mais « manager », diriger des équipes, au sein d'une entreprise consiste à utiliser une « boîte à outils » composés de multiples techniques et

---

[9] In *Comprendre le consommateur*, Dalloz, 1990, p.34

théories, innées chez les uns ou acquises par les autres dans des cours de management.

Les matières de la stratégie, du marketing et de la finance dérivent tous des concepts développés par les économistes libéraux (liberté de la concurrence, loi des avantages comparatifs avec Ricardo, fonctionnement des marchés libres ou réglementés, théorie des contrats, etc.).

Pour leur part, les matières des ressources humaines dérivent en partie des théories et pratiques de la psychanalyse (et aussi de la sociologie, mais ce n'est pas le thème de l'ouvrage).

Ces domaines sont souvent enseignés peu ou prou de la même manière dans les écoles ou dans le cadre de formations professionnelles, en s'appuyant sur les écrits d'auteurs spécialisés mais sans forcément remonter aux idées et concepts qui les ont générés.

Alors, faisons une suggestion iconoclaste à ceux qui veulent aujourd'hui avoir un « plus » par rapport aux bataillons d'étudiants ou de cadres inscrits à des programmes pour dirigeants dans des grandes écoles : qu'ils aillent directement à la découverte des textes des penseurs libéraux ou des psychanalystes. Cela leur permettra de mieux connaître les fondamentaux et de développer un avantage comparatif face à la foule qui se contente de produits dérivés déjà formatés !

Suggérons aussi à ceux qui réfléchissent et travaillent sur des sujets innovants, souvent issus des nouvelles technologies, de ne pas négliger la dimension psychologique. La psychanalyse a procuré une dimension nouvelle à d'autres sciences humaines. Elle continuera à le faire pour les nouvelles disciplines en gestation. C'est l'objet du chapitre suivant.

CHAPITRE 12

PSYCHANALYSE ET NOUVELLES TECHNOLOGIES

Internet, réseaux sociaux, économie du partage, « big data »… Nous avons la chance de vivre une troisième révolution industrielle, porteuse comme les deux précédentes de progrès et de nouveaux risques.

La psychanalyse, peut aider à mieux appréhender certains aspects de cette révolution qui est l'illustration concrète à l'échelle planétaire des théories économiques d'Adam Smith sur la main invisible et d'Hayek sur l'ordre spontané. Voici quelques exemples de réflexions appliqués à des sujets d'actualité.

La psychanalyse et le phénomène des réseaux sociaux

Véritable phénomène de société, les réseaux sociaux, apparus il y a quelques années, transforment les interactions entre individus.

Les réseaux sociaux constituent un énorme progrès : c'est « L'Âge de la multitude » pour reprendre le titre de l'ouvrage de Nicolas Colin et Henri Verdier[1]. Ils démultiplient les interactions, la créativité, l'échange et en conséquence impactent la valeur et la croissance de l'économie. Nous sommes tous des animaux sociaux et désormais tout ce qui était vertueux dans les rencontres sociales est amplifié par Internet : la cocréation et le hasard, source de nouvelles aventures, entreprises ou associations.

Mais on peut aussi y voir des risques pour l'individu. Nous sommes tous des narcisses en puissance. Et avec des réseaux comme Facebook ou Twitter, nous sommes des narcisses 2.0 qui exposons nos egos à la terre entière, qui rêvons d'être des héros, à l'instar des participants aux émissions de télé-réalité.

Et là aussi, c'est la psychanalyse qui nous donne des éclairages pertinents sur cette tendance sociétale durable.

Ainsi l'écrivain et psychanalyste Michel Schneider dans l'essai *Miroirs des princes*[2] qu'il consacre aux rapports entre narcissisme et politique, s'intéresse au poids des médias (nous sommes d'après lui dans la phase de « gouvernement des médias ») et des réseaux sociaux qui nous transforment en des centaines de millions de narcisses « gazouillant leur ego

---

[1] *L'Âge de la Multitude*, Armand Colin, 2012
[2] *Miroirs des princes*, Flammarion, 2013

sur Twitter, persuadés que leurs opinions, leurs visages, leur vie, leurs histoires et leur histoire valent d'être montrés, regardés ». [3] Les réseaux sociaux sont le reflet d'une société du narcissisme où « les électeurs comme leurs élus sont centrés sur la réalisation persistante d'eux-mêmes au détriment de la relation aux autres, figés sur le présent et incapables de différer leur satisfaction ». [4] Bref, c'est « moi d'abord, et tout, tout de suite ! » [5] Il ajoute : « Tout le monde se retrouve, s'affronte ou s'allie sur Twitter ou Facebook. Facebook étant ce lieu où « des profils » se regar-deraient « face à face ». Le « qui me suit m'aime » a remplacé l'arro-gant « qui m'aime me suive » des dirigeants d'avant Google. (…) Le « moïsme » règne sur les écrans post modernes. Tout le monde parle et personne ne dit rien. Comme le règne de l'autofiction dans la littérature exhibe l'auteur plus que son œuvre, la vie intime de nos contemporains devient virtuelle. » [6]

Débrancher de temps en temps, prendre du recul sur l'image que l'on se donne sur les réseaux sociaux, identifier les comportements psycholo-giques des personnes avec qui on interagit virtuellement sont autant d'attitudes que l'on peut adopter, dans une logique introspective et psy-chanalytique.

Psychanalyse et économie du partage

Les consommateurs dans les économies matures, et notamment en France, sont de plus en plus nombreux à être adeptes de « l'économie du partage » (ou « sharing economy »). Co-voiturage sur des sites comme Blablacar, location saisonnière de leur logement via un site au succès mondial AirBnB… les exemples sont foison. Certains n'hésitent pas à parler de révolution, à y voir une évolution des usages, une préférence par les jeunes générations pour l'expérience, au détriment de l'avoir.

Quant aux adeptes du socialisme, ils se réjouissent qu'on passe d'une société de la possession à une société de l'usage qui permet d'éviter le gaspillage. C'est par exemple la position du député écologiste François-Michel Lambert défendue dans un article des *Échos* du 2 décembre 2014.

D'autres y voient la conséquence de la crise : grâce au web et aux ap-plications pour smartphone, les consommateurs trouvent des sources de

---

[3] *Ibid.*, p.57
[4] *Ibid.*, p.117
[5] *Ibid.*
[6] *Ibid.*, p.119

gain de pouvoir d'achat quand celui-ci est grevé par la dureté de la vie et les prélèvements publics.

L'économie du partage est probablement promise à un bel avenir. Il me semble néanmoins que le sujet mérite d'être approfondi sur un plan économique mais aussi avec l'éclairage de la psychanalyse pour mieux en cerner les impacts à long terme.

Après tout, la colocation tant prisée désormais dans les grandes agglomérations ne rappelle-elle pas les appartements communautaires de l'ex-URSS, qui, conçus au départ comme provisoires, étaient devenus les logements les plus répandus dans les grandes villes ?

L'esprit communautaire ne rappelle-t-il pas l'époque des *kibboutz*, ces communautés ou villages collectivistes d'Israël développés par le mouvement sioniste d'influence socialiste ?

Gary Becker s'était intéressé à l'économie des kibboutzs. L'économiste français Vincent Benard synthétise ainsi les analyses du Prix Nobel d'économie : « Les problèmes de jalousie entre membres, de tirage au flanc et de parasitage — problème connu par les économistes sous le nom de « passager clandestin » ou « free rider » : pourquoi se tuer à la tâche si vous recevez autant que celui qui travaille ? —, l'inefficacité du système productif due à l'absence de spécialisation des tâches et à la mauvaise utilisation des compétences, le stress né de la séparation des familles, ont provoqué la disparition de certains Kibboutz, et la transformation de la plus grande partie d'entre eux en entreprises de type privée ». [7]

S'il était encore vivant, que dirait aujourd'hui Gary Becker sur les conséquences sur les individus de la réduction de l'avoir au profit des « expériences » ou « usages » partagés ?

Attendons avec impatience les travaux croisés d'économistes libéraux et de psychanalystes qui viendront nourrir l'interprétation et la compréhension de cette économie du partage qui peut changer la relation de chacun à la notion de propriété.

Le marketing du moi

Le web et les réseaux sociaux, les outils d'élaboration de sites désormais à la portée de tous, le marché saturé de l'emploi dans les pays à faible croissance, l'évolution des relations contractuelles entre entreprises

[7] « Gary Becker : le Kibboutz, preuve ultime de la faillite du communisme » par Vincent Benard http://www.contrepoints.org/2014/05/05/165163-gary-becker-le-kibboutz-preuve-ultime-de-la-faillite-du-communisme

et salariés avec le développement de l'auto-entrepreneuriat, favorisent le développement du marketing du moi. Notons pour l'anecdote que les psychanalystes eurent avant l'heure un statut proche de celui d'auto-entrepreneur.

Rechercher activement un emploi, par exemple, revient à faire du « marketing B to B » (Business to business) où le produit que l'on cherche à « vendre » est soi-même.

Autrement dit, chaque individu peut se transformer en une marque et utiliser les outils marketing autrefois réservés aux entreprises.

Mais pour « positionner » une marque sur un marché, il est nécessaire de faire un travail analytique et travaillant par exemple sa matrice « SWOT » (*Strengths / Weakenesses / Opportunities / Threats* et en français Forces /Faiblesses / Opportunités / Menaces).

Et pour déterminer ses forces et faiblesses, l'individu doit forcément passer par une phase d'introspection ! Qui suis-je vraiment ? Quelles sont mes valeurs ? Quelle image de moi puis-je donner qui soit conforme à mon moi profond ?

Loin de moi l'idée de conseiller à toute personne qui cherche à valoriser sa marque personnelle de faire au préalable un passage chez un psy. Mais pour éviter le risque de projeter sur la toile et les réseaux sociaux une image non conforme à ce que l'on est vraiment, une prise de recul est nécessaire. Et cette prise de recul s'inscrit bien dans une démarche visant à être propriétaire de soi, qui est l'essence de la psychanalyse freudienne. Le « *personal branding* » (faire rayonner sa marque personnelle), dont on parle tant aujourd'hui, a un lien de parenté avec la discipline de Freud ! Le « e-moi », le moi numérique, vient désormais compléter le concept de ça, de moi et de sur-moi élaboré il y a un siècle !

La question des *big data*

Les *big data* (les mégadonnées) sont souvent décrites comme l'un des défis informatiques des prochaines années. Elles constituent l'une des priorités des grandes entreprises.

De quoi s'agit-il ? De l'augmentation sans précédent du volume de données que l'on peut traiter et stocker : on peut désormais traiter plus vite plus de données, des données elles-mêmes de plus en plus variées (on parle de données structurées ou non structurées), on peut les stocker plus facilement grâce au *cloud computing*. On peut également en capter beaucoup plus grâce aux objets connectés, par exemple, et les échanger facilement via Internet. Les outils de visualisation de ces données sont de plus en plus sophistiqués et permettent de synthétiser plus efficacement les informations.

Les perspectives du traitement des *big data* sont immenses. Comme toute innovation, il y aura un côté face avec des progrès (certains étant encore insoupçonnés) : gestion des risques (dans l'industrie, l'assurance…), prévisions météorologiques, gestion des réseaux énergétiques, découvertes dans le domaine médical... mais aussi un côté pile avec les risques que l'on voit surgir en matière de protection des données personnelles.

Les entreprises, outre la réduction de leurs risques et l'amélioration de leurs outils d'aide à la décision, chercheront à mettre en place des analyses prédictives et des « scores » pour mieux anticiper les besoins des consommateurs et leur proposer le bon produit ou service au bon moment.

Quel rapport avec la psychanalyse ?

Les individus ont pris l'habitude de laisser beaucoup de données personnelles exposées sur la toile : des données classiques comme leur nom, âge, profession ou adresse, mais aussi leurs goûts, leur tissu relationnel (amis et famille sur Facebook), leurs opinions… Et tout cela peut rester très longtemps sur Internet.

Le créateur de startups et spécialiste des enjeux de l'économie numérique, Gilles Babinet, considère qu'il faut rendre les gens propriétaires de leurs traces numériques sur le réseau. Établir un droit de la propriété des données est pour lui une nécessité, à l'instar du Code civil qui fut établi parallèlement à la première révolution industrielle et du Code du travail au moment de la seconde.

Comme nous l'avons vu, la notion de propriété est partagée par les libéraux et les psychanalystes. Et avec les données personnelles, on touche directement à l'individu, à son « e moi », son « moi » numérique.

Au-delà du sujet juridique soulevé par G. Babinet — et les libéraux savent l'importance de la pratique contractuelle — on ne doit pas négliger l'apport que peut avoir la psychanalyse pour mieux appréhender cette problématique du XXIe siècle : apport qui peut être thérapeutique pour aider une personne traumatisée, par exemple par la divulgation de données personnelles sur la toile, apport qui peut être théorique pour enrichir le débat qui ne fait que commencer sur la question.

La place des penseurs libéraux et des psychanalystes dans le débat constituera un curseur intéressant du degré de liberté qui sera maintenu. Des voix s'élèvent sur la dimension « *Big Brother* » des *big data*. S'il n'y a pas de garde-fou ; si la tentation totalitaire prend le dessus en matière de données numériques, alors il y a fort à parier que les psychanalystes et les auteurs libéraux auront du mal à se faire entendre sur ces sujets.

La question du transhumanisme

Le transhumanisme est un mouvement culturel et intellectuel international qui compte sur les NBIC (nanotechnologies, biotechnologies, informatique et sciences cognitives) pour améliorer les caractéristiques physiques et mentales des êtres humains face au handicap, à la maladie, au vieillissement et même à la mort. Son influence grandit et ses ramifications avec des grandes entreprises capitalistes comme Google semblent établies. Les moyens financiers du transhumanisme pourraient être considérables dans les années à venir.

Certains considèrent que nous sommes déjà des transhumains. « Nous avons des médicaments efficaces pour de nombreuses pathologies, des prothèses pour réparer nos genoux, nos hanches, nos artères, nos veines, les valves de notre cœur, nos dents ou nos os. Nous savons greffer une main, un cœur ou même un visage. Nous avons créé des prothèses, comme les lentilles de contact, ou des machines comme le pacemaker, pour lutter contre nos imperfections physiques »[8] explique le chirurgien-urologue et neurobiologiste Laurent Alexandre.

Et dans quelques décennies ? Nous devrions en rester d'après Laurent Alexandre au stade du transhumanisme, à savoir au traitement de pathologies graves grâce à la reproduction génétique par exemple.

Mais l'accélération du progrès des NBIC permettra peut-être à ceux qui le souhaitent de devenir des surhommes, des posthumain[9]s comme les appellent Laurent Alexandre. Certains d'entre nous seront peut-être des êtres hybrides, mi-homme mi-robot, dotés par exemple d'intelligence artificielle et pouvant reculer sans limite l'âge de la mort.

On se retrouvera alors dans un univers de science-fiction. Mais où sera alors l'humanité ? « Un « posthumain » bardé de puces électroniques n'aurait plus rien d'humain.

Laurent Alexandre pense qu'on ne pourra pas arrêter le mouvement ! « L'Histoire a montré que l'homme ne résiste jamais à l'attrait de la nouveauté, quand bien même celle-ci recèlerait un danger. L'homme résistera

---

[8] *Transhumain oui. Posthumain non.* Article de Laurent Alexandre sur le site internet de la Revue du Cube : http://www.cuberevue.com/transhumain-oui-posthumain-non/2293
[9] *Ibid*

d'autant moins à la révolution biotechnologique que celle-ci lui promet un développement de sa propre puissance et une victoire sur la mort. » [10]

En conséquence, Laurent Alexandre considère qu'il est urgent que les citoyens s'emparent de cette question pour tenter d'en garder la maîtrise et qu'il sera donc indispensable de développer des contre-pouvoirs.

Or, la psychanalyse, forme de contre-pouvoir individuel qui permet à l'homme de penser sur soi et sur l'autre, avec ses apports à la fois théorique mais aussi thérapeutique, pourrait contribuer au débat et aider les hommes à affronter cette évolution de l'humanité.

Conclusion

Dans NBIC, il manque le P de psyché (ou un deuxième I pour inconscient). Les machines calculeront (c'est déjà le cas) et soigneront dans certains cas mieux que les hommes eux-mêmes, mais il est improbable qu'elles appréhendent l'inconscient. L'inconscient — notre histoire personnelle, celle de nos grands-parents, de nos parents, de notre enfance, de nos désirs, etc... — restera la propriété ultime de chacun. Il est improbable qu'on puisse traduire en données numériques des productions de l'inconscient comme le désir ou le refoulement.

La notion de « mort de la mort »[11] questionne à la fois les libéraux (organisation de la société, sujet des contre-pouvoirs faces aux géants industriels de l'informatique et de la neurologie, conséquences économiques, avenir des systèmes de retraite, propriété des données individuelles comme évoqué précédemment...) et les psychanalystes (remise en cause de la notion freudienne de « pulsion de mort » ?).

Et là aussi, si le transhumanisme se développe, la psychanalyse et les idées libérales constitueront des marqueurs : soit la dimension humaine sera préservée, l'individu restera propriétaire de lui-même, la psychanalyse et le libéralisme seront toujours vaillants, et cela voudra dire que le transhumanisme aura connu un développement maîtrisé ; ou alors... une nouvelle forme de totalitarisme aura vu le jour.

---

[10] *Ibid*
[11] *La Mort de la Mort* de Laurent Alexandre JC. Lattès 2011

CINQUIÈME PARTIE

MERCI MICHEL ONFRAY !

CHAPITRE 13

HARO CONTRE FREUD

Et si je m'égarais ? Et si mon « amateurisme » en libéralisme et en psychanalyse m'avait fait faire fausse route ? Alors que j'avais laissé reposer le manuscrit des premiers chapitres de cet essai au fond d'un tiroir pendant des années, paraissait le best-seller de Michel Onfray sur Freud : *Le Crépuscule d'une idole : l'affabulation freudienne*[1], une véritable bombe à déflagration dans le paysage intellectuel français !

Ainsi, un grand philosophe, connu pour ses positions de gauche, s'attaquait à la figure totémique de la psychanalyse, pour lui faire un procès sans concession et sans circonstance atténuante.

Il n'en fallait pas plus pour convaincre définitivement tous les « antipsychanalyse » des erreurs, défauts, déficiences des théories freudiennes. Et si Onfray avait raison, tout mon petit édifice s'écroulerait d'un seul coup.

La polémique ayant eu lieu lors de la parution de son livre en 2010 ; les débats contradictoires ont été nombreux et je laisserai le soin au lecteur d'approfondir le sujet : de très nombreux articles sont en ligne sur Internet. Revenons néanmoins sur quelques éléments significatifs des attaques d'Onfray contre la statue freudienne, attaques qui s'inscrivent dans une approche systématique — la contre-histoire de la philosophie — visant à s'attaquer à des monuments de la philosophie « officielle » et à mettre sur un piédestal des auteurs matérialistes, athées, hédonistes et radicaux.

Des défauts de Freud à la condamnation de la psychanalyse

Lors de la parution de livre d'Onfray, un psychanalyste, Samuel Lézé, avait dénoncé dans un article de blog[2] le sophisme à la base de l'ouvrage d'Onfray :

« (i.) Freud est le père de la psychanalyse

(ii.) Or, Freud a un certain nombre de vices (drogué, fasciste ou apparenté, narcissique, prenant son cas pour une généralité, aimant l'argent etc...)

---

[1] *Le Crépuscule d'une idole* de Michel Onfray, Grasset, 2010
[2] « *Tout contre Freud* », daté du 5 janvier 2010

(iii.) Donc la psychanalyse est sujette à caution »

Et il est exact que la lecture du texte systématiquement à charge contre Freud et ne retenant que les côtés supposés négatifs met le lecteur très mal à l'aise, conforte très probablement toutes les personnes qui avaient des *a priori* sur Freud et la psychanalyse.

L'attaque relative au conservatisme, voire au fascisme de Freud

Onfray cherche tous les indices pour parvenir à classer Freud du côté de la réaction, du conservatisme, du libéralisme, du fascisme.

Pour Onfray, Freud est « ontologiquement pessimiste, donc conservateur en politique, pour la meilleure des hypothèses, sinon franchement réactionnaire ».[3]

La fameuse dédicace de Freud à Mussolini est bien entendu LA preuve absolue valorisée par Onfray. Cette dédicace «*À Benito Mussolini, avec le salut respectueux d'un vieil homme qui reconnaît en la personne du dirigeant un héros de la culture. Vienne 26 avril 1933* » vaut pour Onfray « déférence », « allégeance »[4], complicité et approbation de la ligne politique.

Jamais, d'après Onfray, Freud n'aurait dû accepter de dédicacer, à la demande d'un ami psychanalyste italien, un ouvrage, *Pourquoi la guerre ?*, destiné à être offert au dictateur italien.

Et pourtant cette dédicace avait fait déjà couler beaucoup d'encre avant Onfray. L'interprétation la plus plausible, selon moi, est celle de l'humour (… offrir un livre sur la guerre à un dirigeant belliqueux) et de l'espoir vain d'avoir une influence ne serait-ce que minime sur le dirigeant fasciste (1933, c'était aussi l'année où le Duce s'opposait encore à la menace annexionniste allemande sur l'Autriche).[5]

De commentaires sur la citation de Freud déjà rapportée dans le chapitre 7 : « L'analyse ne peut pas mieux prospérer sous le fascisme que sous le bolchevisme et le national-socialisme ». Il n'y en a pas chez Onfray, sauf erreur de ma part.

La citation de Freud : « Quels progrès nous avons faits ! Au Moyen âge, ils m'auraient brûlé. À présent, ils se contentent de brûler mes livres »[6] n'est pas non plus reprise par Onfray qui considère que Freud

---

[3] *Les Freudiens hérétiques* de Michel Onfray, Grasset, 2013, p.33
[4] *Le Crépuscule d'une idole* de Michel Onfray, Livre de Poche, 2011, p.485
[5] *La Psychanalyse pour les Nuls* de Christian Godin et Gilles-Olivier Silvagni, First Editions, 2012, p.79
[6] *Ibid.*, p.78

fut victime de l'autodafé du 10 mai 1933, en raison uniquement de sa judaïté.

Par ailleurs, Onfray accuse à tort Freud d'avoir collaboré avec des émissaires de l'Institut Göring afin que la psychanalyse puisse continuer à exister sous le régime national-socialiste.

L'Institut Göring (du nom du psychiatre, Matthias Göring, psychiatre qui avait adhéré au parti nazi en 1933 et qui avait pour cousin le politicien nazi Hermann Göring), était l'institut de recherche en psychologie et psychothérapie des psychanalystes restés en Allemagne (la psychanalyse étant désormais considérée comme une « science juive », et de ce fait comme un danger pour l'État, il y avait de plus en plus de pressions et de restrictions pour les membres de la société. La législation, en particulier les lois de Nuremberg interdisaient aux Juifs d'exercer la plupart des métiers dont celui de psychothérapeute. Les psychanalystes juifs durent quitter l'institut et fuir l'Allemagne).

Or, c'est Carl Gustav Jung qui en a été président de 1936 à 1940 ! Jung, dont la rupture à la fois idéologique et amicale avec Freud date de 1913 ! Les accusations d'Onfray sur les rapports de Freud avec l'Institut Göring sont donc extravagantes.

Les quelques lignes critiques ou interrogatives sur les régimes bolcheviques qu'on trouve dans les écrits de Freud ? Onfray est catégorique : « Les critiques freudiennes récurrentes du bolchevisme, du socialisme, du communisme — tout cela fait de Freud un ami des dictateurs européens, et du freudisme une doctrine susceptible de justifier un compagnonnage… »[7]

Et le jugement d'Onfray est définitif : la psychanalyse freudienne est une « théorie intrinsèquement de droite. »[8]

Ce raccourci, cette façon de classer définitivement un individu dans un camp parce qu'il critique l'autre, est pour le moins surprenante.

En tout cas, cette approche rhétorique n'est pas inconnue des libéraux. Le professeur d'économie Pascal Salin, dans son opus *Libéralisme,* dénonce cette « méthode de manipulation »[9] consistant « à présenter les libéraux comme des « ultra-libéraux », c'est-à-dire des extrémistes, en tant que tels dangereux. Et pour faire bonne mesure, on saute allégrement à l'identification entre libéralisme et fascisme. L'équation est simple : les libéraux sont à droite, par ailleurs ils sont extrémistes, ils sont donc à l'extrême-droite, c'est-à-dire qu'ils sont fascistes. On com-

[7] *Les freudiens hérétiques* de Michel Onfray, Grasset, 2013, p.34
[8] *Ibid.*
[9] *Libéralisme* de Pascal Salin, Odile Jacob, 2000, p.26

prend que les constructivistes de droite et de gauche aient intérêt à utiliser ces techniques d'amalgame, car ils sentent bien que les libéraux sont leurs seuls vrais opposants ».

La psychanalyse n'est pas une science exacte

Michel Onfray reproche avec sévérité à Freud d'avoir eu l'ambition de faire de la psychanalyse une science à part entière, reproche déjà émis dès 1919... par un éminent libéral, Karl Popper, comme nous l'avons vu dans le chapitre 3. L'absence de doute dans la pensée Freudienne qui fait que la psychanalyse semble être une « certitude universelle et définitive » choque profondément Onfray.

Je ne conteste pas le caractère non scientifique de la psychanalyse, puisque je la perçois comme une discipline, une pratique thérapeutique, mais aussi comme un courant influent de l'histoire des idées, bref comme une « science humaine ».

Mais comment rejeter une matière qui permet de « dévoiler le sens caché de nos rêves, de nos fantasmes, de nos actes » ? Qui peut aider « à mieux vivre ceux et celles que les aléas de l'existence ont écrasés de tout leur poids »[10] ?

Comment rejeter le père d'une révolution qui a poussé « les autres sciences de l'homme à porter une attention particulière à la dimension psychologique des comportements et des actions »[11] et a eu une influence féconde sur de nombreux artistes, romanciers, ou metteurs en scène ?

Onfray remet en cause le complexe d'Œdipe, l'accès à l'inconscient via des phénomènes psychopathologiques comme le lapsus, l'acte manqué ou le rêve, la technique de soin à travers la cure psychanalytique, le caractère émancipateur de la psychanalyse, bref toute la psychanalyse freudienne ou presque.

L'objet de mon essai n'est pas d'argumenter point par point face aux multiples saillies d'Onfray. Comme je l'ai dit, d'autres s'en sont déjà chargés.

Mais ces critiques ne sont pas nouvelles et finalement ne remettent pas en cause la place de la psychanalyse comme théorie et comme thérapie ! Les dissidents de Freud ont été nombreux, diverses écoles se sont concurrencées. Vive la psychanalyse, discipline sans cesse en mouvement qui crée des vocations (comme celles des freudo-marxistes, magnifiés par

---

[10] *La Psychanalyse pour les Nuls* de Christian Godin et Gilles-Olivier Silvagni, First Editions, 2012, 4ᵉ de couverture
[11] *Ibid.*, 18

Onfray comme nous allons le découvrir) et voit l'apparition de disciples qui font de nouvelles avancées quitte à réfuter des théories plus anciennes. C'est le propre d'une science humaine. Vive Freud que l'on peut considérer à l'instar du philosophe et ancien ministre Luc Ferry comme l'un des « plus grands penseurs du XXe siècle »[12].

Les sceptiques considéreront malgré tout que le moindre succès de la pratique de la psychanalyse dans le mode classique des séances de cure sur divan au cours des trente dernières années, en Europe ou Outre-Atlantique, que les progrès supposés en matière de neuroscience sont les signes du déclin de la psychanalyse.

Mais avec du recul, il apparaît pourtant que la psychanalyse est ancrée profondément et peut-être définitivement dans l'imaginaire collectif. Certes au XXIe siècle, siècle de l'instantanéité et des NBIC (nanotechnologies, biotechnologies, informatique et sciences cognitives), la lenteur supposée de la psychanalyse peut rebuter. Mais on ne compte pas toutes les disciplines dérivées de la psychanalyse qui cherchent à aider les individus à prendre en compte ce qu'il y a de plus intérieur en eux. Psychothérapeutes, médecins formés à la psychanalyse, sophrologues, thérapeutes des familles, coachs... Tous de près ou de loin s'inspirent ou s'inscrivent dans une démarche inspirée par la psychanalyse.

---

[12] *Sagesses d'hier et d'aujourd'hui* de Luc Ferry, Flammarion, 2014, p.569

CHAPITRE 14

MICHEL ONFRAY,
LE DERNIER DES FREUDO-MARXISTES

Michel Onfray se définit politiquement comme socialiste libertaire. La lecture de Marx a fait de lui un socialiste et il l'est resté. [1] Sur le plan des idées philosophiques, il est freudo-marxiste. Et pour une fois, nul besoin de contre-histoire, puisqu'il écrit que « l'histoire officielle des idées nomme à juste titre *freudo-marxiste*, cette sensibilité philosophique qui s'appuie sur Freud et Marx pour les dépasser, les éclairer mutuellement, les sublimer, s'en servir comme des marchepieds pour aller plus loin, plus haut, ailleurs ». [2] Certes, Onfray brouille quelques peu les pistes : il ne nie pas les bienfaits du capitalisme et de la propriété privée des moyens de production mais condamne l'égoïsme du libéralisme, l'enrichissement des riches au détriment des pauvres. Il se réclame d'une forme d'anarchisme conceptualisée par Proudhon, rêve d'un système utopique où règneraient l'autogestion, les coopératives, le mutualisme... Mais où est la limite entre ces structures idéalisées et l'État ?

Ce que l'on n'a pas perçu dans son best-seller sur Freud, c'est qu'Onfray a enterré Freud pour mieux encenser les penseurs et psychanalystes du courant freudo-marxiste. Dans un ouvrage beaucoup moins connu, *Les Freudiens hérétiques*[3], paru deux ans après *Le Crépuscule d'une idole*, Michel Onfray décrit les théories des freudo-marxistes, ces héritiers de Freud qui ont tenté la « fusion » entre les thèses de leur maître à penser et la pensée marxiste.

La thèse défendue par Michel Onfray est la suivante : Freud est un usurpateur et la méprise des intellectuels de gauche proviendrait de la confusion par ces derniers entre Freud et ses héritiers qui ont tenté de marier psychanalyse et marxisme — les freudo-marxistes — qui ont « formulé une gauche freudienne qui, via Mai 68, a nourri le siècle ». Citons Onfray : « Dès lors, quand on parle de Freud, on pense freudo-marxisme : il s'agit d'un malentendu majeur ». [4]

---

[1] *Le Crépuscule d'une idole* de Michel Onfray, Livre de Poche, 2011, p.19
[2] *Les Freudiens hérétiques* de Michel Onfray, Grasset, 2013, p.174
[3] *Ibid.*
[4] *Ibid.*, p.30

Or sans Freud… il n'y aurait pas eu de Freudo-marxistes ! S'il y a bien une chose qu'Onfray ne peut retirer à Freud c'est bien sa place dans l'histoire des idées !

Onfray fait un véritable panégyrique de cette « psychanalyse de gauche qui pense l'inconscient comme un produit de l'histoire et des conditions d'existence concrètes des individus »[5] qu'il oppose ainsi à la psychanalyse, bourgeoise, individualiste de Freud.

Nous y sommes ! Onfray a rejeté Freud pour mieux réhabiliter ces psychanalystes marxistes qu'on commençait à oublier… et dont j'ai souligné les impasses politiques dans le chapitre 5.

Onfray apprécie avec justesse le fait que les freudo-marxistes aient été à l'origine de la révolution sexuelle en allant plus loin que leur père spirituel.

Les freudo-marxistes, en prônant la liberté sexuelle, en prônant l'abolition du patriarcat comme Otto Gross (1877-1920) ou Wilhem Reich (1897-1957) ont inspiré les mouvements des années 60 comme Mai 68. Mais l'impasse des freudo-marxistes comme nous l'avons examiné au chapitre 5 provient de leur vision marxiste, vision partagée par Onfray.

Otto Gross, le premier freudo-marxiste souhaitait marier la révolution sexuelle (hétérosexualité, part de masculinité et de féminité en chaque individu…) avec la dictature du prolétariat. Pour Gross, la connaissance de soi, condition de la libération de soi, grâce à la psychanalyse, était la condition nécessaire à la libération des autres (dans un régime communiste « libertaire », où « nul ne peut obtenir de pouvoir de domination politique, social, économique, autoritaire sur un autre »[6].)

Wilhelm Reich, « disciple adorateur » de Freud, est l'un des autres freudo-marxistes encensé par Onfray, qui vante sa forte influence sur la libération sexuelle à laquelle il a consacré de nombreux travaux.

Il apprécie que Reich, marxiste, ait condamné la pratique trop individualiste de la psychothérapie freudienne, coûteuse, élitiste, réservée aux bourgeois éduqués et solvables.

D'après Onfray, le freudo-marxisme n'est pas « Freud + Marx, mais une lecture freudienne de Marx associée à une lecture marxiste de Freud ». [7] Il reproche à Marx d'avoir réduit sa lecture du monde aux échanges économiques et il reproche à Freud de « refuser de prendre en considération les conditions économiques dans lesquelles un inconscient

---

[5] *Ibid.* 4ème de couverture
[6] *Ibid.*, pp.94-95
[7] *Les Freudiens hérétiques* de Michel Onfray, Grasset, 2013, p.175

se constitue ». [8] Reich est d'après lui un penseur libertaire, qui a pensé Mai 68 avant l'heure et qui aurait pu faire siennes les fameux slogans « Jouir sans entraves » ou « Il est interdit d'interdire ». [9]

Erich Fromm, psychanalyste américain (1900-1980) a le droit lui aussi à l'admiration sans borne d'Onfray. Son programme éthique, la biophilie, autrement dit l'amour de tout ce qui « met la vie, la croissance, l'épanouissement en valeur », bénéficie de son blanc-seing : il s'agit en effet d'un « programme éthique et politique, psychanalytique et socialiste toujours d'actualité — sinon d'une terrible urgence… ». [10]

Fromm s'approprie un Marx « humaniste » idéal qui rejette les mécanismes d'aliénation mais repousse le marxisme autoritaire qui a abouti aux régimes communistes. Il recherche une société hédoniste, le souci écologique, la critique de la société de consommation, le souci de l'être. Lui aussi fut « freudien malgré Freud et marxiste malgré Marx… ». [11]

Onfray, le socialiste libertaire, l'homme qui se veut dans la lignée de Proudhon plus que de Marx, celui qui a voté Besancenot au premier tour des présidentielles de 2007, qui a déclaré souscrire au programme de politique intérieure du Front de Gauche en 2012 (mais n'a pas voté Mélanchon car trop autoritaire et pas assez libertaire), est un fervent opposant des marchés.

Dans un entretien paru fin décembre 2014, il déclare retenir principalement de l'année politique française 2014 « l'effondrement de la gauche libérale » qu'il juge responsable, avec la « droite libérale », de la crise actuelle. Pour lui Hollande et Sarkozy, « c'est bonnet blanc et blanc bonnet sur l'essentiel ».

Et il explique sa vision : « Le libéralisme, c'est le marché qui fait la loi. Tous ceux qui se sont remplacés au pouvoir depuis 1983 ont communié dans cette religion. Le marché fait désormais la loi à l'école, dans les hôpitaux, les services publics, à l'armée, dans les services secrets, les médias, l'édition, l'université, la recherche, la télévision, instrument de duplication terrible de cette idéologie, etc. »

Les libéraux ne pourront que s'étrangler en lisant cette prose. Eux aussi considèrent que les gouvernements de gauche ou de droite ont fait pour l'essentiel la même politique. Mais une politique n'ayant de cesse d'alourdir les dépenses publiques, autrement dit le poids de l'État et de développer une réglementation déresponsabilisante.

---

[8] *Ibid.*, p.175
[9] *Ibid.*, p.200
[10] *Ibid.*, p.330
[11] *Ibid.*, p.366

La psychanalyse, pour Onfray, est le compagnon de route du libéralisme, puisque « la psychanalyse accompagna le désinvestissement politique et l'investissement nouveau de l'ego, le dieu des périodes de décadence. La fin de la révolution politique comme actualité imminente, le renoncement aux paradis marxistes-léninistes ou maoïstes, le triomphe de la marchandise, le libéralisme sans opposition digne de ce nom devenant l'idéologie brutalement dominante, le repli sur soi devint la loi. Il engendra alors le monstre de l'individualisme libéral assimilable à l'égoïsme, sinon à l'égotisme. » [12]

Rien ne vaut, d'après Onfray, le freudo-marxisme, son « aura libertaire dans un monde fatigué de lui-même »[13], son approche collectiviste et utopique de la liberté, en opposition au freudo-libéralisme, qui vise à libérer l'individu et lui permettre d'être propriétaire de lui-même.

---

[12] *Le Crépuscule d'une idole* de Michel Onfray, Livre de Poche, 2011, p.571
[13] *Ibid.*, p.577

CHAPITRE 15

ESSAI DE CONTRE-HISTOIRE FREUDO-LIBÉRALE
À PROPOS DE MICHEL ONFRAY

Michel Onfray consacre 100 % de son temps à la philosophie. C'est un professionnel, cultivé, prolifique, médiatique, charismatique, un homme qui aborde avec courage des sujets comme la défense de la laïcité. Difficile de le critiquer et de lui opposer des arguments. Et pourtant il est tentant de le prendre à ses propres armes, en s'essayant à la méthode nietzschéenne dont il se réclame : confronter la biographie et l'œuvre pour voir ce qui s'en dégage, le tout sans a priori. Cette approche est à l'opposé de celle défendue par le philosophe Luc Ferry qui considère qu'il est préférable de s'intéresser essentiellement à l'œuvre et non pas à l'homme quand on aborde un grand penseur[1].

Et si… Onfray avait voulu tuer le père ?

Quelle interprétation psychanalytique donner de l'attaque en règle d'Onfray contre l'homme, Freud ? Pourquoi un tel acharnement ? Pourquoi ne pas donner à Freud la place qu'il mérite dans l'histoire des idées, place reconnue implicitement par Onfray qui vénère les freudo-marxistes qui n'auraient jamais existé sans l'apport du père de la psychanalyse ?

Je profite de ce dernier chapitre pour me faire plaisir en pratiquant tout d'abord de la psychanalyse de comptoir… Je suis en effet frappé par la similitude de Freud et d'Onfray !

Même écriture roborative et facile, similitude de la taille des volumes : les ouvrages d'Onfray aux éditions Grasset ont quasiment la même taille que les tomes des œuvres complètes de Freud aux PUF, édition sur laquelle Onfray a travaillé. [2]

Et puis Onfray s'attaque à une de ses idoles de jeunesse (avec Marx et Nietzsche).

Alors faisons l'hypothèse qu'Onfray a voulu « tué le père » ou alors qu'il se projette inconsciemment comme son fils spirituel !

Onfray reproche à Freud d'avoir voulu construire avec son mouvement psychanalytique une nouvelle religion. Mais que fait Onfray avec sa

---

[1] *Sagesses d'hier et d'aujourd'hui* de Luc Ferry, Flamarion 2014, page 569
[2] *Le Crépuscule d'une idole*, Livre de Poche, 2011, p.583

philosophie dite « contre-histoire de la philosophie », enseignée à l'Université populaire de Caen, qu'il a lui-même créée en 2002 ?

Utilisons la méthodologie d'Onfray consistant à partir de faits « réels », de citations.

Si d'après Onfray, Freud a pu « excommunier » des psychanalystes « déviants » (Onfray parle des congrès[3] où on décidait qui étaient les amis et les ennemis de la psychanalyse, où on fixait « l'orthodoxie doctrinale » ou « l'hétérodoxie des traîtres »), Michel Onfray semble avoir pratiqué de la même manière au sein de l'Université populaire de Caen.

Le philosophe Raphaël Enthoven explique ainsi qu'il a été « excommunié » de l'Université populaire par Michel Onfray pour des motifs idéologiques. Citons Enthoven, interrogé dans la Revue *Médias* le 26 d'automne 2010[4] :

> « J'étais en charge d'un séminaire hebdomadaire de philosophie générale, où je papillonnais d'un philosophe à l'autre. Autrement dit, j'avais deux heures par semaine pour mettre des textes classiques sur des problèmes quotidiens, et donner envie de lire des philosophes intimidants. C'était merveilleux. Michel, lui, se représentait déjà l'Université populaire comme l'occasion de présenter sa contre-histoire de la philosophie. Tout marchait très bien jusqu'au jour où, par hasard, j'ai fait l'éloge de la maïeutique socratique comme l'art de penser par soi-même... la semaine où lui-même expliquait que Platon, premier nazi, organisait des autodafés pour les livres de Démocrite. Or, ce que j'ignorais complètement à l'époque, c'est que Michel Onfray tenait le désaccord pour une offense. J'ai donc été remercié à la fin de la seconde année, sous un motif mensonger : il a annoncé à la tribune qu'au mépris de la parole donnée, j'avais décidé de finir ma thèse. »

Loin de moi l'idée de chercher à savoir qui d'Enthoven ou d'Onfray avait raison dans ce conflit somme toute classique dans une organisation ! Mais j'ai une certitude. Onfray a clairement appliqué à Enthoven ce qu'il reproche à Freud... ou ce qu'il reprocherait à un chef d'entreprise qui cherche à licencier un collaborateur à qu'il ne fait plus confiance.

Michel Onfray, et si vous aviez agi comme papa Sigmund ?

---

[3] *Le Crépuscule d'une idole*, Livre de Poche, 2011, p.562
[4] http://www.revue-medias.com/raphael-enthoven-l-anti-modele-c,662.html

Et si... le « business model » d'Onfray servait beaucoup plus son intérêt particulier que ce qu'il laisse entendre ?

Onfray reproche à Freud son manque de cohérence : par exemple Onfray accuse Freud de mentir sur les cas cliniques étudiés pour mieux étayer ses thèses scientifiques.

Et bien, en faisant cette fois de « l'économie libérale de comptoir », je vais démontrer que l'on pourrait appliquer le même reproche à Onfray. Onfray se voit en parangon de la gratuité et de l'intérêt général ? Et si après tout, son écosystème ne contribuait pas aussi, consciemment ou inconsciemment, à satisfaire ses intérêts particuliers ?

Onfray se targue d'avoir créé l'Université populaire de Caen et vante la totale gratuité des conférences de philosophie ouvertes à tous. « La gratuité est le principe de base : pas d'âge requis, ni de titres ou de niveaux demandés, pas d'inscriptions ni de contrôle des connaissances, pas d'examens, ni de diplômes délivrés. » [5]

Cette université vise à « démocratiser la culture et dispenser gratuitement un savoir au plus grand nombre. La culture y est vécue comme un auxiliaire de la construction de soi, non comme une occasion de signature sociale. »

Onfray se drape ainsi dans les habits de l'homme parfaitement désintéressé, agissant pour l'intérêt général.

Cela étant, appliquons un raisonnement de bon sens, celui de l'économiste libéral qui lorsqu'il entend « gratuit » se pose la question suivante : « qui paie au final ? ».

Tout d'abord l'Université populaire a bénéficié de subventions régulières de la Région Basse-Normandie. Ceci est d'ailleurs officiel : divers articles (notamment sur le site de *L'Express*) du début des années 2000 indiquent que le Conseil régional de Basse-Normandie accordait chaque année des subventions à l'Université populaire de Caen (40 000 euros en 2010 selon le site du quotidien *Libération*).

De plus, les conférences de l'Université populaire sont retransmises par France Culture, radio de service public. Cela signifie que le projet monopolise des techniciens qui interviennent pour enregistrer et diffuser les séances. C'est donc les deniers publics, les impôts qui financent ces diffusions.

Je ne mets pas en cause le niveau de satisfaction élevé des étudiants qui sont inscrits gratuitement à cette Université. Il m'est arrivé

---

[5] En ligne sur le site http://upc.michelonfray.fr/a-propos/

d'écouter avec plaisir les interventions de Michel Onfray. Je préfère cela de loin à des émissions de variété vues 1 000 fois, diffusées par la télévision d'État dans un souci de course à l'audience.

Je ne mets pas non plus en doute l'honnêteté de Michel Onfray qui déclare ne pas être rémunéré pour ses activités au sein de l'Université populaire de Caen.

Mais voilà, Michel Onfray vit — et c'est tout à son honneur — de sa plume : ayant démissionné de l'Éducation nationale en 2002 pour créer l'Université populaire de Caen, il a publié une cinquantaine de livres traduits en presque une trentaine de langues.

Donc résumons :

- d'un côté, il donne des cours gratuits (ayant profité de subventions publiques et donc financés par le contribuable et bénéficiant en France de la formidable diffusion « gratuite » (payée elle aussi par le contribuable) de France Culture,
- de l'autre, il vend avec succès ses ouvrages.

Ce modèle économique est bien connu. Dans le domaine de l'économie numérique, on appelle cela un modèle « freemium » dont la définition est la suivante :

« Le freemium (mot-valise des mots anglais *free* : gratuit, et *premium* : prime) est un modèle économique associant une offre gratuite, en libre accès, et une offre « Premium », haut de gamme, en accès payant ».

Michel Onfray a construit un système subventionné de publicité gratuite qui dope sa notoriété et permet peut-être de mieux vendre ses livres en France ! Félicitations pour ce *business model* pas vraiment « assumé » !

Conclusion sur les chapitres 13 à 15

Sur Freud et la psychanalyse, Onfray aura mené une drôle de guerre avec de drôles de résultats. De ses nombreuses et percutantes interventions médiatiques, les personnes opposées à la psychanalyse — y compris des intellectuels libéraux — auront retenu la critique déjà affirmée par Popper : la psychanalyse n'est pas une science exacte, ses vertus curatives sont une supercherie. Quant à Freud, comme de nombreux grands hommes, il était loin d'être parfait et prenait « son cas pour une généralité ». [6]

---

[6] *Le Crépuscule d'une idole*, Livre de Poche, 2011, p.49

Les intellectuels de gauche, attachés à Freud et à la tradition psychanalytique de l'intelligencia parisienne, comme Élisabeth Roudinesco, auront considéré *Le Crépuscule d'une idole* comme un brûlot blasphématoire.

Mais pour de nouveau citer Frédéric Bastiat, il y a « ce qu'on voit et ce qu'on ne voit pas ». Trop rares auront été ceux à s'apercevoir qu'Onfray aura enterré Freud et la psychanalyse jugée beaucoup trop individualiste et centrée sur l'individu pour mieux ressusciter la pensée freudo-marxiste.

Au fond, le « socialiste libertaire » Onfray rejette Freud et la psychanalyse dans tout ce qu'ils ont de profondément ancrés dans la pensée libérale.

Merci Michel Onfray d'avoir voulu démontrer que la gauche s'était approprié Freud en confondant ce dernier avec les freudo-marxistes que vous appréciez tant. Malheureusement, en abhorrant Freud, vous avez comblé de plaisir tous ceux, souvent de droite, qui rejettent Freud, ses impasses scientifiques, sa vision laxiste de l'individu, ses attaques contre l'ordre établi et ses critiques de la religion.

Merci d'avoir au final repoussé Freud dans le clan de ceux qui prônent la souveraineté de l'individu. Vous faites comme beaucoup d'anti-libéraux la confusion entre droite et libéralisme. Vous avez consciemment ou inconsciemment compris que le freudisme constituait la branche « introspective » du libéralisme.

CONCLUSION

LIBRE ASSOCIATION

Résumons les chapitres précédents :

1) Freud fut incontestablement influencé par la philosophie des lumières et des grands penseurs appartenant au courant libéral, comme John Stuart Mill.

2) Nous retrouvons dans le libéralisme et la psychanalyse les mêmes valeurs : liberté, primauté de l'individu, propriété de soi, responsabilité individuelle.

3) La psychanalyse est complémentaire de la praxéologie (la science de l'action humaine), selon Ludwig von Mises, le fondateur de la très libérale école autrichienne d'économie.

4) Les pays les plus libéraux, les États-Unis et l'Angleterre, ont beaucoup favorisé le développement de la psychanalyse.

5) Le freudo-marxisme s'est avéré être une voie sans issue, en raison des erreurs de raisonnement de Marx et des psychanalystes à l'origine de cette théorie.

6) Le développement de la psychanalyse a été favorisé dans le contexte politique et culturel des démocraties libérales. Dans les pays totalitaires, les psychanalystes se sont retrouvés dans le même camp (les camps plutôt…) que les libéraux.

7) La concurrence entre les différents courants de la psychanalyse et la non-intervention de l'État, revendiquée par de nombreux praticiens, ont favorisé son développement en France.

8) La gauche a conquis le paysage culturel de la France et s'est approprié le champ de la psychanalyse, cela explique encore aujourd'hui le fort ancrage à gauche de la discipline freudienne.

9) Le fonctionnement du marché de la psychanalyse est d'une épure parfaite et pourrait illustrer n'importe quel traité d'économie libérale.

10) La psychanalyse constitue un apport indéniable à l'art du management des entreprises et des organisations.

11) La psychanalyse contribue à la compréhension et à la maîtrise par l'individu des nouvelles technologies.

12) Michel Onfray rejette Freud du côté de la droite réactionnaire, qu'il confond avec le libéralisme. Au fond, Freud est pour lui… un freudo-libéral.

Il me semble avoir ainsi démontré qu'au minimum psychanalyse et libéralisme font bon ménage et que l'on peut même aller jusqu'à considérer que la psychanalyse se rattache à la branche libérale dans l'histoire des idées. Le concept de « freudo-libéralisme » a certainement beaucoup plus de force que le freudo-marxisme. Dès lors, les libéraux ont tout lieu de s'intéresser à la psychanalyse et les psychanalystes aux idées libérales, tout simplement parce que la recherche de liberté de l'individu est au cœur de la philosophie libérale comme de la psychanalyse.

Que peut apporter la psychanalyse aux penseurs libéraux ?

Les penseurs libéraux du XXe et du XXIe siècles, souvent économistes de formation, n'ont peu ou pas intégré la psychanalyse dans leurs recherches. Là aussi, mieux incorporer les apports de cette pratique pourrait leur permettre de progresser encore dans leur réflexion.

Le libéralisme, comme toute famille d'idées, comporte de nombreuses ramifications. Il est temps pour les libéraux de considérer désormais la psychanalyse comme l'une des branches de la tradition libérale. La psychanalyse pourrait être ainsi la branche « se retournant sur elle-même et enquêtant sur soi » comme le suggère le professeur et historien de la psychanalyse Paul Roazen[1], Nous pourrions même la dénommer « libéralisme des profondeurs » par analogie avec la formule « psychologie des profondeurs » qui lui est souvent attribuée.

Le libéralisme valorise l'homme en tant qu'être moral, doté d'une conscience, libre et responsable de choisir s'il souhaite faire le bien ou le mal.

La psychanalyse dote le libéralisme d'un levier d'interprétation supplémentaire en permettant à l'homme de comprendre, s'il souhaite librement le faire, pourquoi il agit, pour quelle raison il fait tel ou tel choix, bien ou mal en fonction de ses propres critères de jugement, bien ou mal par rapport aux règles de conduite de la société dans laquelle il vit : si l'homme est un « être de conscience » — c'est ce qu'on voit — il est aussi pour la psychanalyse un « être d'inconscience » — c'est ce qu'on ne voit pas, pour reprendre la formule célèbre du penseur libéral du XIXe siècle, Frédéric Bastiat.

Freud pose un grave problème aux politiques en affirmant qu'il faut compter avec le fait que « chez tous les hommes, sont présentes des tendances destructrices, donc antisociales et anti-culturelles, et qu'elles sont,

---

[1] *La Pensée politique et sociale de Freud* (1968) de Paul Roazen, Complexe, 1976, p.155

chez un grand nombre de personnes, suffisamment fortes, pour déterminer leur comportement dans la société humaine. » [2]

Au fond, les penseurs libéraux, et tout particulièrement les économistes se sont peu attachés à la question des émotions humaines. C'est cette dimension qu'amène la psychanalyse à la pensée libérale. Vu sous ce prisme, la psychanalyse pourrait être considérée comme une forme de libéralisme que l'on pourrait qualifier d'émotionnel ou d'empathique !

Pour les économistes libéraux et plus largement les hommes politiques qui se réclament du libéralisme, la psychanalyse peut ainsi procurer une grille de lecture supplémentaire. Nous l'avons vu, elle est très utile en micro-économie, en particulier en recherche marketing. La compréhension des intentions et émotions individuelles, des phénomènes psychanalytiques qui peuvent se produire (transfert, projection, sublimation…) peut fournir des clés complémentaires, notamment s'agissant de thèmes relatifs à la réforme et à l'acceptation de changements importants. En effet, lorsqu'une entreprise est en difficulté, il y a certes des raisons stratégiques qui l'expliquent (problème d'adéquation cible/produit, coûts trop élevés, nouveaux entrants agressifs…), mais il peut exister également des facteurs d'ordre psychanalytique (caractère du chef d'entreprise, relations de celui-ci avec ses collaborateurs ou les syndicats…). À l'évidence, nous l'avons détaillé dans le chapitre 11, la psychanalyse fait désormais partie de la « boîte à outils » du manager, au niveau micro-économique. Or la macroéconomie étant la somme de toutes les interactions micro-économiques, c'est aussi une façon d'étayer la thèse selon laquelle la psychanalyse a également sa place chez les penseurs, économistes ou hommes politiques libéraux.

Par exemple, les familles éclatées et l'absence du père de plus en plus fréquente peuvent-elles avoir des conséquences sur le rapport au libéralisme ? Vaste débat initié par F. Dolto quand elle tient les propos suivants qui ne peuvent que stimuler la curiosité des économistes : « Un père, c'est quelqu'un auquel on s'identifie quand on est un garçon, quelqu'un qui vous signale vos infractions à l'égard de la loi, qui vous soutient dans votre évolution sociale et qui vous donne une monnaie d'échange, l'argent. Un père, c'est celui qui vous introduit à la loi des échanges en société, échanges du comportement et échanges de puissance symbolisés par l'argent. » [3]

---

[2] *L'Avenir d'une illusion* de Sigmund Freud, 1927, Ed PUF Quadrige, 1995, p.7
[3] *Les Étapes majeures de l'enfance* de Françoise Dolto, Folio Gallimard, 1994, p.63

C'est dans cette lignée que l'on peut aussi situer le travail du psychanalyste Michel Schneider qui a rédigé en 2002 un essai de « psychopathologie de la vie politique » intitulé « Big Mother »[4] où il s'interroge sur « L'État sans pères ni repères », sur la France qui cultive son « exception étatique »[5] seule à conserver un « État énorme, dispendieux et impuissant » où « socialisme libéral ou un libéralisme social » semblent « impensables » alors que partout ailleurs se développe un « État recentré sur ses tâches stratégiques », « une puissance publique économe et efficace ». Il défriche des pistes de réflexion nouvelles : « La psychanalyse peut contribuer à la pensée politique. À condition de se centrer sur l'illusion maternelle qui est au cœur de la politique française actuelle. (…) Gouverner, psychanalyser, métiers impossibles, en vérité, et davantage aujourd'hui qu'au temps de Freud. Parce que ce sont des métiers de la séparation et l'autonomie, et celle-ci est toujours à regagner. (…) Si nous ne changeons pas l'État et notre rapport à lui, la démocratie disparaîtra peut-être sous la tyrannie de l'opinion, l'évitement de la contrainte et l'illusion que toutes nos vies peuvent être choisies. »[6]

Autre ouvrage plus récent qui est la démonstration même de ce que peut apporter la psychanalyse au libéralisme : *La France Adolescente*[7], essai co-écrit par un spécialiste du libéralisme, Mathieu Laine[8]… et un psychiatre des hôpitaux, spécialiste des adolescents et psychanalyste, Patrick Huerre.

Les auteurs accueillent la France sur leur divan et la compare à une adolescente à fort potentiel mais en pleine crise : incompréhensions avec les parents ; hommes politiques qui l'infantilisent et ne lui font pas confiance.

Les auteurs préconisent à notre pays un travail thérapeutique pour « redonner confiance dans nos capacités, et l'occasion d'agir en adulte dans un monde de liberté. »[9]

Les auteurs insistent sur la notion de confiance et la nécessité de former une « génération créative » en commençant dès la première enfance : « au-delà des réformes économiques et institutionnelles qui peuvent en découler, il faut également, dès la petite enfance, œuvrer pour restaurer un rapport positif à la confiance, au risque, à la liberté, et à la responsabilité. Et donner ainsi à notre société, comme au jeune enfant et à l'ado-

---

[4] *Big Mother* de Michel Schneider, Odile Jacob, 2002
[5] *Ibid.*, p.308
[6] *Ibid.*, pp.310-311
[7] *La France adolescente* de Patrick Huerre et Mathieu Laine, JC Lattes 2013
[8] Il a notamment dirigé la rédaction de l'ouvrage collectif : *Dictionnaire du Libéralisme* Larousse 2012
[9] *La France adolescente* de Patrick Huerre et Mathieu Laine, JC Lattes, 2013, pp.44-45

lescent, ces fondements solides qui lui permettront d'affronter l'âge adulte avec plus de sérénité et de succès. »[10]

Avec ce discours sociétal et macro-économique, ils rejoignent les propos « micro-économiques » tenus par les chefs d'entreprise nombreux à placer la confiance au premier rang des valeurs qu'ils veulent faire vivre au sein de leurs équipes dans les relations avec et entre leurs clients, qu'ils soient patrons de start-up, comme Frédéric Mazzella le fondateur de Blablacar (covoiturage entre particuliers) qui prône le *In trust we trust* (nous faisons confiance à la confiance) ou de grandes entreprises comme Henri de Castries, PDG du groupe d'assurance mondial AXA pour qui les entreprises qui réussiront « sont celles qui auront compris que la confiance, la délégation et l'encouragement donné à l'initiative individuelle sont les clefs de la réussite. »[11]

Françoise Dolto, Michel Schneider et plus récemment Mathieu Laine et Patrich Huerre ne s'aventurent-ils pas des dizaines d'années plus tard sur les traces du grand économiste libéral Yves Guyot ? Sur ce thème de l'État protecteur, citons ainsi ses propos : « Et à quoi aboutissent toutes les conceptions socialistes ? Sinon à rejeter l'adulte dans la situation de l'enfant. (…) Changer l'homme en bébé, criant à la société : Maman ! Tel est l'idéal socialiste ! »[12]

Enfin, les hommes politiques d'obédience libérale (français en particulier) ne doivent pas s'interdire de s'intéresser à la psychanalyse en décidant par exemple de suivre eux-mêmes une analyse ! Alors qu'ils prônent la société de confiance, certains d'entre eux auraient intérêt à gagner un supplément de confiance en eux et donc dans leur entourage et les citoyens. Nombreux étaient sans doute les ex-soixante-huitards reconvertis dans la politique (en général du côté gauche) à avoir suivi une analyse. Cela explique peut-être en partie leur confiance en eux et plus encore leur aisance relationnelle qui les ont fait passer pour des modernes alors qu'ils défendaient des idées archaïques ou des solutions erronées.

Nos hommes politiques qui semblent préférer inconsciemment l'échec à la réussite n'auraient sans doute pas surpris Freud qui avait consacré des travaux à « ceux qui échouent devant le succès »[13]. Nous ne pouvons que conseiller à ces hommes politiques de s'intéresser à la psychanalyse afin d'éviter de s'enfoncer dans le déni de réalité des déficits

---

[10] *Ibid.*, p.116
[11] *Les Echos*, 28 juin 2013
[12] *La Tyrannie collectiviste* d'Yves Guyot, Les Belles Lettres, 2005, p.285
[13] Titre d'un chapitre de *Quelques types de caractère tels qu'ils se dégagent du travail psychanalytique* par Sigmund Freud, 1916

non résorbés, des réformes toujours différées et des actes manqués qui se sont multipliés au cours des quarante dernières années. Comment appeler en effet autrement des effets d'annonce de programmes électoraux libéraux auxquels on renonce une fois au pouvoir... Nul doute en outre qu'une telle démarche induirait un impact sur leur leadership en leur permettant d'être enfin eux-mêmes : « Quiconque a pris conscience de ses motivations vraies et s'est ouvert ainsi une voie vers l'inconscient, exerce, même sans en avoir la moindre intention, un effet sur son entourage » indique Jung. [14]

Cela leur permettrait aussi de prendre plus de recul sur leur rapport à la société médiatique qui les transforme en purs Narcisse. Comme le dit Michel Schneider : « Une politique sans narcissisme n'existe pas. Une politique du narcissisme est une ruine matérielle et morale. » [15]

Là aussi, nous retrouvons une convergence entre le libéralisme politique et la psychanalyse. Nous savons que la limitation des pouvoirs permet de freiner les élans absolutistes des gouvernements. Telle peut également être l'effet au niveau individuel de la psychanalyse pour l'homme de pouvoir qui souhaite mieux maîtriser ses pulsions...

Au même titre que les régimes démocratiques libéraux respectent les valeurs de chacun et favorisent la limitation des pouvoirs, la pratique freudienne favorise la limitation de l'épanouissement des névroses des hommes (et donc des hommes de pouvoir) et constitue ainsi un rempart à leurs tendances destructrices.

Alors les libéraux doivent s'investir dans le domaine de la psychanalyse, faute de quoi ils laisseront échapper un pan entier de la culture du XXe et certainement du XXIe siècle.

Les freudo-marxistes se sont trompés en considérant que la psychanalyse entrait dans le champ de la révolution marxiste.

Or dans des pays comme la France où le poids de l'État est devenu écrasant, où les conservateurs sont ceux qui tentent de conserver leurs privilèges dépendants des pouvoirs publics, être libéral revient à être révolutionnaire, en souhaitant remettre l'individu au cœur de la réflexion.

La psychanalyse est révolutionnaire, sauf qu'elle ne révolutionne non pas la société mais l'individu ! En cela, elle se marie donc parfaitement avec une vision libérale de la société.

Comme l'indique le psychanalyste Jean-Claude Lavie : « Celui qui sort d'une analyse n'est le plus souvent convaincu de rien, il a changé, c'est

---

[14] *Présent et Avenir* de C.G. Jung, 1956, Livre de Poche, 1995, p.103
[15] *Miroirs des princes* de Michel Schneider, Flammarion, 2013, dernière de couverture

tout. Et d'ailleurs, les trois quarts du temps, il ne perçoit pas tant avoir changé qu'il remarque : 'Les gens sont plus gentils avec moi, j'ai trouvé facilement du travail... '. C'est plutôt sa façon de voir le monde qui a changé, lui, il ne se sent pas trop avoir changé. (…) Au début, oui, peut-être on s'est dit : 'Ça va révolutionner', mais ça ne peut que révolutionner l'individu qui se prête à la situation. » [16]

Que peut apporter la pensée libérale à la psychanalyse ?

Les psychanalystes ont avant tout exploré le territoire politique du marxisme, laissant de côté la pensée libérale. La psychanalyse, pensaient-ils, était une forme de « libération », de désaliénation de l'individu. En ce début de XXIe siècle, il leur reste un énorme terrain en friche. La fertilisation croisée de leur discipline et de la pensée libérale peut leur permettre de donner un élan nouveau à leur discipline.

La pensée libérale peut leur donner un nouvel éclairage sur les phénomènes d'échange, de compétition, de commerce (« Où il y a du commerce il y a des mœurs douces » dit Montesquieu), de création, de développement de richesses, mais aussi, sur un plan philosophique, une vision nouvelle de la justice, du droit et du respect du plus faible, une révision de leur conception de l'argent et de la propriété.

Par exemple, les théories sur le capital humain élaborées par le prix Nobel d'Économie 1992 Gary S. Becker (1930-2014) consistent à appliquer les théories économiques en matière d'investissement, en l'occurrence en matière de formation, à l'individu vu comme entité propre. Ne méritent-elles pas d'être prolongées ou complétées par une approche plus psychanalytique ?

Pour un psychanalyste, s'intéresser aux idées libérales, c'est revisiter les concepts de liberté, de responsabilité individuelle, de rationalité des acteurs. C'est également se pencher sur ceux qui prennent des risques, pas seulement les artistes qu'ils ont tant étudiés mais également les créateurs d'entreprise et donc de richesses et d'emplois.

Et c'est donc finalement la possibilité de trouver une cohérence entre leur discipline et la société où ils vivent. Il y a en effet de quoi devenir schizophrène si l'on exerce une profession libérale, déréglementée, et si on rêve en même temps à un univers non marchand, sans argent, sans concurrence où l'on vivrait d'amour et d'eau fraîche...

---

[16] Entretiens avec Patrick Froté in *Cent ans après*, Gallimard, 1998, pp.79-80

Mais si la psychanalyse conserve toute sa place dans les écoles de gestion des entreprises, les praticiens restent en général concentrés sur leur matière, tant ils doivent travailler pour améliorer sans cesse leur expertise. Il leur reste peu de temps à consacrer à l'étude d'autres angles de vue, en particulier des fondamentaux de l'économie et des idées libérales. Souhaitons que certains prennent le temps d'aller ainsi cultiver leur jardin.

Les psychanalystes de culture marxiste ont cru ou croient encore que la psychanalyse constitue un pouvoir de contestation, de déconstruction face au « pouvoir bourgeois » mais sont gênés par l'échec de toutes les expériences communistes.

En réalité, la place de la psychanalyse sur la grille de lecture libérale est celle d'un « contre-pouvoir » individuel. En effet, le libéralisme se définit comme le système qui défend le plus faible (grâce aux droits naturels de l'homme et du citoyen), qui veille à la séparation des pouvoirs (exécutif, législatif, judiciaire) et qui valorise les contre-pouvoirs qui ne « s'usent que si on s'en sert », comme la presse, les syndicats… ou en fait la psychanalyse ! Contre quels pouvoirs lutte la psychanalyse ? Contre tous ceux qui influencent l'inconscient de chaque individu et que ce dernier découvrira à l'issue d'une analyse.

En France, les intellectuels et les psychanalystes ont pour la plupart rejeté le collectivisme et leurs idéaux de jeunesse. Pour autant, ils n'ont pas franchi le pas consistant à accepter les apports considérables de la pensée libérale, tant le libéralisme est diabolisé dans l'hexagone.

Alors j'espère qu'à l'issue de ma tentative de démonstration, les intellectuels français qui rejettent le libéralisme chercheront à (re)découvrir la pensée libérale puisque la psychanalyse peut être finalement apparentée à une branche du libéralisme dans l'histoire des idées.

Que peuvent nourrir, ensemble, la pensée libérale et la psychanalyse ?

Le freudo-marxisme est mort, comme le communisme avec la chute du mur de Berlin. Faisons la libre association entre la révolution de la psychanalyse et celle du libéralisme, inventons le freudo-libéralisme, qui a de beaux jours devant lui !

Que peut en effet fertiliser l'approche conjointe de la psychanalyse et du libéralisme ? Elle peut aider à y voir plus clair face aux enjeux des années à venir comme nous l'avons vu dans le chapitre consacré aux nouvelles technologies. Créativité, innovation, prise de risque… Autant de sujets d'avenir qu'elle peut contribuer à mieux éclairer.

Et en cette année 2015, alors que la France est affaiblie par la crise, le poids de la dette publique, les doutes des concitoyens face à la montée inexorable du chômage, une lueur d'espoir brille.

Cette lueur est entretenue par des compatriotes de plus en plus nombreux qui ne souhaitent plus faire confiance à des politiques qui n'ont pas trouvé de solution depuis quarante ans mais qui attendent qu'on leur fasse confiance à eux, femmes et hommes qui prennent des initiatives sur le terrain.

Ce sont les jeunes start-ups françaises qui se regroupent sous le label « *French Tech* » pour partir, sans complexe, à l'assaut de la Silicon Valley et veulent déjouer le *French bashing*.

C'est la démarche roborative et énergique de l'écrivain Alexandre Jardin, lui aussi sans complexe. Il veut fédérer des solutions pragmatiques pour « réenchanter » le pays, grâce à son mouvement associatif Les Zèbres[17] qui incite les citoyens à être actifs et à se regrouper pour soutenir « l'action d'une nation adulte qui se prend en main ».

C'est le discours optimiste (« Ne me dites plus jamais bon courage ! ») d'un ex chef d'entreprise et auteur, Philippe Bloch qui incite ses compatriotes dans son dernier ouvrage[18] à redécouvrir la positive attitude et veut aider chacun à mettre à jour son logiciel personnel pour échapper à la déprime ambiante.

C'est l'introspection du serial entrepreneur Marc Simoncini qui explique dans *Grandeurs et misères des stars du Net*, comment les échecs assumés par les stars de l'Internet français les ont conduits à mieux réussir par la suite.

C'est le succès des « Failcons ». Ces conférences nées aux États-Unis et désormais déclinées en France, donnent la parole à des entrepreneurs qui témoignent de leurs erreurs passées pour permettre aux autres de réussir. En prenant du recul sur ce qui n'a pas marché pour eux, ils aident et inspirent leur public. Ils s'attaquent au fond au tabou de l'échec, ô combien important dans notre pays.

Tous, de près ou de loin, appliquent une dose de psychanalyse à leurs concitoyens pour prôner les valeurs intemporelles du libéralisme : liberté, responsabilité, confiance dans l'individu.

Tous ont quelque chose en eux de freudo-libéral ! Et vous ?

---

[17] Site internet : http://bleublanczebre.fr/
[18] *Ne me dites plus jamais bon courage ! Lexique anti-déprime à usage immédiat des Français* de Philippe Bloch, Ventana, 2013

TABLEAUX

Libéralisme et pyschanalyse

Libéralisme	**Psychanalyse**
Liberté de l'individu	Permet à l'individu d'être plus libre en le délivrant de ses névroses
La propriété : un droit naturel fondamental	Permet de devenir propriétaire de soi-même
Chaque individu est responsable de ses actes	Permet à l'individu de comprendre pourquoi il prend une décision ou effectue un acte, et partant, maximise sa responsabilité
Economiste libéral : étudie les échanges entre les individus sans les juger	Psychanalyste : étudie les échanges entre le conscient et l'inconscient sans juger l'individu analysé
Nécessité de contre-pouvoirs (liberté de la presse…)	La psychanalyse donne à l'individu une forme de contre-pouvoir à ce qui entrave son inconscient

Libéralisme et psychanalyse de l'enfant

Philosophie libérale	**L'éducation des enfants d'après Françoise Dolto**
L'homme est libre	L'enfant est déjà un individu libre
Laissez-faire	Laissez-faire les enfants : par exemple laisser un enfant de deux ans essayer de manger seul même s'il salit toute la cuisine
Faire confiance à l'homme	Faire confiance à l'enfant
L'état de droit : fixe les limites à ne pas dépasser pour ne pas s'attaquer aux libertés d'autrui.	Il faut des règles : les limites que l'enfant ne doit pas dépasser
Prise de risque de l'entrepreneur. Favoriser la prise d'initiative	Droit à l'erreur pour l'enfant

L'entreprise « Psychanalyse »

Monde de l'entreprise	Psychanalyse
Importance de la marque	Freud est d'une certaine manière la marque générique de la psychanalyse
Essor international	Après la phase de démarrage en Autriche, développement rapide dans tous les pays
La concurrence augmente en général la demande pour un produit et la taille du marché	La compétition entre les différentes associations de psychanalyse a favorisé son essor et sa diffusion auprès du grand public
Intervention de l'état : en ajoutant des contraintes aux entrepreneurs (législation, fiscalité…) voire en faussant les règles de l'offre et la demande (subventions…), l'État peut perturber le fonctionnement d'un marché	Forte inquiétude des professionnels, y compris de Freud, dès que l'Etat intervient
Fixation libre des prix par le marché (rencontre entre l'offre et la demande)	Fixation libre des prix lors de la rencontre entre l'analyste et l'analysant
Elargissement de l'offre de produits et services	Existence de « produits dérivés » de la psychanalyse : thérapie de groupe…

BIBLIOGRAPHIE

Libéralisme

Frédéric Bastiat, *Harmonies Économiques* (1850). Les textes de Bastiat sont en ligne sur le site www.bastiat.org.

Raymond Boudon, *Pourquoi les intellectuels n'aiment pas le libéralisme*, Odile Jacob, 2004

Benjamin Constant, *Œuvres*, Pléiade, Gallimard, 1957

Friedrich A. Hayek, *La Route de la Servitude* (1943), PUF Quadrige

Friedrich A. Hayek, *Droit, législation et liberté*, PUF Quadrige, 1979

Friedrich A. Hayek, *La présomption fatale*, PUF Libre Echange, 1988

Alain Laurent, *La philosophie libérale*, Les Belles Lettres, 2002

Alain Laurent, *Les grands courants du Libéralisme*, Armand Colin, 1998

Alain Madelin (dir.), *Aux sources du Libéralisme français*, Perrin, 1997

John Stuart Mill, *De la liberté*, Gallimard, 1991

Philippe Nemo, *Histoire des idées politiques aux Temps modernes et contemporains*, PUF Quadrige, 2002

Karl R. Popper, *Conjectures et réfutations* (1963), Payot, 1985

Pascal Salin, *Libéralisme*, Odile Jacob, 2000

Ludwig von Mises, *Action Humaine. Traité d'économie* (1949). Ouvrage en ligne sur le site internet de l'Institut Coppet

Ludwig von Mises : Sites internet : www.ludwigvonmisesinstitute.com : de nombreux ouvrages en anglais en ligne ou www.institutcoppet.org

Et pour aller plus loin : www.institutcoppet.org : de nombreux textes fondamentaux du libéralisme en ligne et en français

Psychanalyse

Louis Althusser, *Écrits sur la psychanalyse*, Stock, Imec, 1993

Paul-Laurent Assoun, *Psychanalyse*, PUF, 1997

Gérard Badou, *Histoires secrètes de la psychanalyse*, Albin Michel, 1997

Agnès Bardon, *Ma psychanalyse est terminée*, Bayard, 2001

Françoise Dolto, *Les étapes majeures de l'enfance*, recueil de textes écrits par la psychanalyste entre 1946 et 1987, Folio Gallimard, 1994

Françoise Dolto, *La cause des enfants*, Robert Laffont, 1985

Judith Feher-Gurewich et Michel Tort (dir.), *Lacan avec la psychanalyse américaine*, Editions Denoël, 1996

Sigmund Freud, *Oeuvres complètes*, PUF, 1991

Sigmund Freud, *Lettres de jeunesses,* Gallimard, 1990

Erich Fromm, *Avoir ou être – Un choix dont dépend l'avenir de l'homme* (1976), Marabout

Patrick Froté, *Cent ans après* , Gallimard, 1998

Peter Gay, *Freud une vie* (1988), Hachette, 1991

Christian Godin et Gilles-Olivier Silvagni, *La Psychanalyse pour les Nuls,* First Editions, 2012

Hartmann, Kris et Loewenstein *Eléments de psychologie psychanalytique,* PUF, 1975

Roland Jaccard (sous la direction de) *Histoire de la psychanalyse,* Hachette, 1982

Ernest Jones, *La vie et l'œuvre de Sigmund Freud,* PUF, 1958

Jean Laplanche & J.-B. Pontalis, *Vocabulaire de la psychanalyse,* 1967, PUF, Quadrige

Alain de Mijolla et Sophie de Mijolla Mellor (dir.), *Psychanalyse,* PUF, 2008

Alain de Mijolla, *Les mots de Freud,* Hachette, 1982

Gérard Pommier, *Freud Apolitique ?,* Flammarion, 1998

Gérard Pommier, *L'amour à l'Envers, essai sur le transfert en psychanalyse,* PUF, 1995

Paul Roazen, *La pensée politique et sociale de Freud* (1968), Complexe, 1976

Élisabeth Roudinesco et Michel Plon, *Dictionnaire de la Psychanalyse* Fayard, 1997

Élisabeth Roudinesco, *Histoire de la psychanalyse en France,* Tome 2, Fayard, 1994

Thomas Szasz, *L'éthique de la psychanalyse,* Payot, 1976

Serge Viderman, *De l'argent en psychanalyse et au-delà,* PUF, 1992

Divers

Judith Benhamou-Huet, *Les artistes ont toujours aimé l'argent: D'Albrecht Dürer à Damien Hirst,* Grasset, 2012

Nicolas Colin et Henri Verdier, *L'âge de la Multitude,* Armand Colin, 2012

Jacques Derrida et Élisabeth Roudinesco, *De quoi demain…* Dialogue, 2001, Ed Champs, Flammarion

Bernard Dubois, *Comprendre le consommateur,* Dalloz 1990

Luc Ferry, *Sagesses d'hier et d'aujourd'hui,* Flammarion 2014

Daniel Goleman, *Emotional Intelligence: Why It Can Matter More Than IQ,* PaperBack, 1995

Patrick Huerre et Mathieu Laine, *La France adolescente*, JC Lattes, 2013

C.G. Jung, *Présent et Avenir* (1956), Livre de Poche, 1995

Gustave Le Bon, *Psychologie des foules* (1895), Quadrige, PUF, 1998

Lendrevie, Lindon, Laufer, *Mercator –Théorie et pratique du marketing,* Dalloz, 1982

Karl Marx, *Préface à la Critique de l'économie politique* (1859), Pléiade, 1965

Michel Onfray, *Le crépuscule d'une idole*, Grasset & Fasquelle, 2010

Michel Onfray *Les freudiens hérétiques*, 2013, Grasset & Fasquelle, 2013

Michel Schneider, *Big Mother,* Odile Jacob, 2002

Michel Schneider, *Miroirs des princes*, Flammarion, 2013

Marc Simoncini et Capucine Graby, *Grandeurs et misères des stars du Net,* Grasset 2012

Philippe Simonnot, *39 leçons d'économie contemporaine* Gallimard / Folio 1998

TABLE